中国数字经济企业的空间分布格局及其选址机制研究

赵传羽 杜万里 著

科学出版社
北京

内 容 简 介

明确数字经济的空间分布格局对实现数字经济区域协调发展具有重要意义。数字经济作为一种新型经济形态，正以前所未有的方式推动生产、生活和社会治理的深刻变革，成为重组要素资源、重塑经济结构、改变区域发展竞争格局的关键力量。与此同时，我国数字经济发展也面临一些问题和挑战，不同区域间数字鸿沟未有效弥合，甚至有进一步的扩大趋势。因此，构建区域内协同互补的发展机制，缩小地区间数字经济的发展差距，形成区域协调的良好发展格局，将是未来数字经济发展的重要内容。本书旨在从一个全面、深入的视角探讨数字经济的空间分布格局及其对区域协调发展的影响。期望本书能激发出更多关于数字经济与区域发展关系的深入研究，推动该领域的学术进步与实践创新。

本书可供面向区域经济学和产业经济学的研究者阅读参考。

图书在版编目（CIP）数据

中国数字经济企业的空间分布格局及其选址机制研究 / 赵传羽，杜万里著. -- 北京：科学出版社，2024. 9. -- ISBN 978-7-03-079567-0

Ⅰ. F272.7

中国国家版本馆 CIP 数据核字第 2024HB9512 号

责任编辑：王丹妮 / 责任校对：姜丽策
责任印制：张 伟 / 封面设计：有道设计

科 学 出 版 社 出版
北京东黄城根北街 16 号
邮政编码：100717
http://www.sciencep.com

北京中科印刷有限公司印刷
科学出版社发行 各地新华书店经销

*

2024 年 9 月第 一 版　开本：720×1000　1/16
2024 年 9 月第一次印刷　印张：7 1/4
字数：145 000
定价：108.00 元
（如有印装质量问题，我社负责调换）

目　录

第1章　绪论 ··· 1
　　参考文献 ··· 12

第2章　数字技术、数据要素与数字经济企业空间活动 ·············· 15
　　2.1　数字技术推动企业经营变革 ································ 16
　　2.2　数据要素改变企业生产模式 ································ 18
　　2.3　数字经济企业与传统企业空间活动比较 ···················· 20
　　2.4　数字经济与区域经济协调发展 ······························ 24
　　2.5　本章小结 ··· 26
　　参考文献 ··· 27

第3章　数字经济企业的空间分布特征 ······························ 31
　　3.1　数字经济企业空间分布的测度 ······························ 32
　　3.2　城市群与全域数字经济空间分布 ···························· 38
　　3.3　城市群域内数字经济空间差异 ······························ 44
　　3.4　结论与讨论 ·· 49
　　参考文献 ··· 51

第4章　群分效应与数字经济企业空间布局 ························· 54
　　4.1　数字经济企业的选址逻辑 ··································· 54
　　4.2　研究设定和数据来源 ·· 59
　　4.3　群分效应与数字经济企业的空间选址 ······················ 62
　　4.4　本章小结 ··· 69

参考文献 ·· 70

第 5 章 城市群建设与区域数字经济格局变迁 ················ 74
  5.1 市场借用与功能借用 ·· 74
  5.2 城市群建设与数字经济企业区域收敛 ···························· 78
  5.3 机制分析 ··· 84
  5.4 本章小结 ··· 89
  参考文献 ·· 90

第 6 章 总结和展望 ·· 94
  6.1 研究结论 ··· 94
  6.2 研究展望 ··· 96

附录 ·· 98
  附表 1 2020 年数字经济百强企业城市分布情况 ······················ 98
  附表 2 国家级城市群及其成员城市名单（截至 2019 年 12 月）······106

第 1 章　绪　　论

信息技术的迅猛发展和互联网应用的快速普及，掀起了数字经济的发展浪潮。数字经济打破了传统经济活动的运行模式，给社会发展带来广泛而又深远的变革（Quintanilla，2015）。近年来，中国数字经济实现长足发展，如图 1-1 所示，2022 年数字经济产业规模突破 50 万亿元，较 2021 年增长 10.3%。数字经济产业规模占国内生产总值的比重也由 2014 年的 25.45%上升到 2022 年的 41.48%，数字经济产业规模年均实际增长率达 15.19%，高于国内生产总值年均实际增长率（8.36%），被认为是推动经济高质量发展的重要依托。

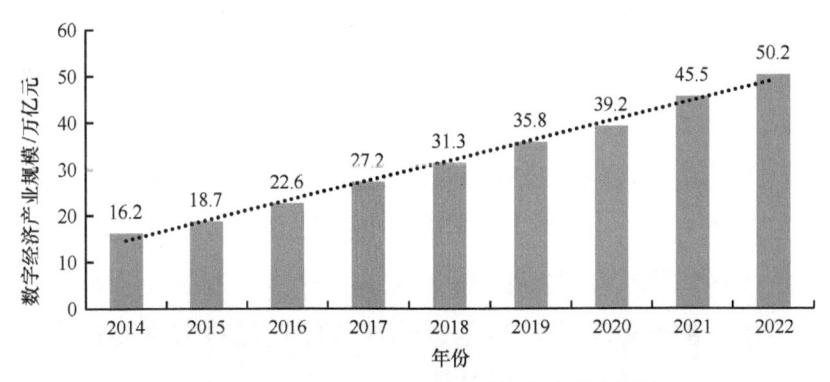

图 1-1　2014~2022 年数字经济产业规模

数字经济作为一种新型经济形态，具有高技术性、高融合性等特征，在与实体经济融合发展的过程中，通过带动数字技术在传统产业中的应用，催生更多的新业态、新模式，驱动传统产业创新升级（裴长洪等，2018）。2023 年政府工作报告指出，"数字经济不断壮大，新产业新业态新模式增加值占国内生产总值的比重达到17%以上"。其中，平台经济、共享经济、产业链金融、数字旅游、数字教育、数字医疗、产业互联网、直播电商等数字经济新业态，正在成为重组要素资源、调整经济结构和改变增长方式的关键力量。根据中国人事科学研究院统计，2016～2020年，短视频和直播取得了显著发展，用户覆盖范围突破 10 亿关口，行业整体市场规模达到1844.42 亿元，有 11 家上市主体，头部平台约 20 家。其中，2022年上半年新增开播账号近千万个，充分展现行业的活力和潜力。伴随着行业的繁荣发展，网络表演经纪机构的数量也急剧增加，已经超过 24 000 家（中国人事科学研究院，2023）。

数字经济全面渗透到生产、分配、流通、消费等各个环节，催生新业态、新模式，促进资源要素流动，提高企业生产效率，有力推动实体经济提质增效和动能转换。例如，数字技术进步能够有效降低交易成本，促进不同要素在产业间和区域间连通，推动各类资源要素快捷流动，提升资源配置效率。又如，智能制造使得大规模定制化生产成为可能，在供给端增加优质服务和需求供给，推动各类产业技术融合创新、各类模式业态跨界发展。再如，数据成为生产要素，可以辅助企业精准决策，促使劳动和资本趋近于最优组合，大幅提高企业生产效率。数字经济不仅是推动经济增长的强劲动力，也是创建地方比较优势的重要抓手。数字经济发展速度之快、辐射范围之广、影响程度之深前所未有，正在成为重组全球要素资源、重塑全球经济结构、改变全球竞争格局的关键力量（习近平，2022）。工业经济时代，受到自然禀赋、发展导向等因素的影响，后发地区缺少建设现代化产业体系的抓手。数字经济的出现为后发地区实现快速追赶提供了机遇，由于发展数字经济所需的设备投资成本和技术转化成本相对较低，后发地区可以瞄准前沿技术，集中力量大规模发展数字经济，实现跨越式发展（Sorbe et al.，2019；Galindo-Martín et al.，2019）。同时，数字经济能够突破时间、空间的限制促进公共服务均衡化，通过推动教育、医疗等公共服务资源下沉提升居民的获得感、参与感（姚毓春等，2022）。因此，发展数字经济有利于打破资源利用的时空壁垒，形成缩小区域经济发展差异的有利因素（张可云等，2022；曾祥炎等，2023）。

我国数字经济存在区域发展不平衡不充分的问题，如表1-1所示，不同城市数字基础设施相去甚远。数字经济的快速发展将会引发对于"虹吸效应"的担忧，先发地区的数字经济企业通过占先优势和规模效应快速获取垄断地位，不断拉大与数字经济后行地区的差距，地区之间普遍存在"数字鸿沟"（詹晓宁和欧阳永福，2018）。"数字鸿沟"不仅不利于后发地区享受数字经济带来的发展红利，还可能引起劳动、资本要素向大城市流动，进一步扩大地区发展差异（Hawash and Lang，2020），形成"经济发展落后—数字经济发展基础薄弱—经济增速较慢"的恶性循环。

表1-1 城市数字基础设施基本情况

城市	排名
深圳	1
广州	2
上海	3
成都	4
北京	5
杭州	6
无锡	7
天津	8
济南	9

续表

城市	排名
贵阳	10
惠州	11
郑州	12
南京	13
绍兴	14
泰州	15
太原	16
滨州	17
连云港	18
常州	19
珠海	20
武汉	21
苏州	22
重庆	23
中山	24
福州	25
温州	26
潍坊	27
长沙	28
烟台	29
江门	30
盐城	31
佛山	32
扬州	33
青岛	34
镇江	35
南宁	36
银川	37

续表

城市	排名
淄博	38
咸阳	39
南昌	40
昆明	41
哈尔滨	42
绵阳	43
徐州	44
沈阳	45
海口	46
洛阳	47
呼和浩特	48
兰州	49
厦门	50
金华	51
泉州	52
威海	53
济宁	54
宜昌	55
漳州	56
宁波	57
廊坊	58
遵义	59
台州	60

注：选取 2016~2021 年共 5 年的互联网普及率、移动电话普及率作为数字基础设施排名的测度指标，并计算平均值得到，数据源自《中国城市统计年鉴》

从宏观层面看，中心城市的数字基础设施相对完善，数字支撑生态较为完备，数字技术应用场景丰富，数字创新水平相对较高。相对而言，非中心城市的数字基础设施水平仍然有待提升，数字技术应用和创新水平相对落后。从微观层面看，企业是经济活动的主体，不同的发展基础会导致数字经济企业的"用脚投票"。如图 1-2 所示，地区间的"数字鸿沟"反映的正是数字经济企业在空间上的分布格局。

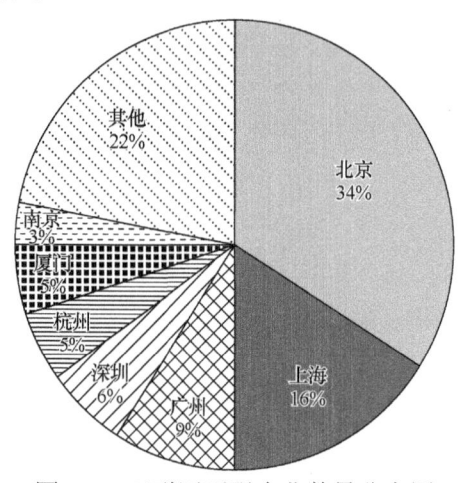

图 1-2　互联网百强企业数量分布图

数字经济是一种新型经济形态，以数字化的知识和信息为关键生产要素，以数字技术为核心驱动力量，实现数字技术与实体经济深度融合。早期的定义方式仅将数字经济视为产业经济的一个子类，主要以传统的信息与通信技术产业为核心，数字经济产业的相关核算也是基于信息与通信技术有形和无形商品的生产、消费等活动（Tapscott，1996；OECD，2010）。以信息与通信技术为核心的数字化产业主要包括网络产业、通信产业、卫星产业等与信息产业重合度较高的行业，以及软件产业、视听行业等相关行业。随着数字技术的不断拓展，数字经济的内涵也在不断丰富。2016 年我国发布的《二十国集团数字经济发展与合作倡议》将数字经济视为一种经济活动，定义为"数字经济是指以使用数字化的知识和信息作为关键生产要素、以现代信息网络作为重要载体、以信息通信技术的有效使用作为效率提升和经济结构优化的重要推动力的一系列经济活动"[1]。结合我国的经济运行特征及统计分类,现有研究主要将数字经济分为四大类,分别为数字化赋权基础设施、数字化媒体、数字化交易和数字经济交易产品(许宪春和张美慧,2020)。

在数字经济时代,企业的投入要素、交易方式和集聚形态都经历了巨大变革,数字经济企业的空间与制造业企业也有所区别(张鹏,2019)。在工业经济时代,生产技术的进步使得劳动、资本、技术和管理等生产要素开始摆脱自然条件的束缚,但是工业经济的核心生产要素仍然是以物质资本来衡量的,生产也不能脱离土地、厂房独立存在(黄群慧,2018)。资本是工业经济时代的核心要素,早期的典型代表形式是生产设备和生产机器。在工业化后期阶段,企业家才能在生产中的重要性逐渐凸显,有效的管理能够提升劳动、资本、中间品等要素的配置效率,在有限的投入下形成更强的竞争力。因此,工业经济的区域格局往往具有明确的中心和外围的界限。

数据要素和数字技术是推动数字经济深入发展的两大重要因素,数据是对客观事务的数字化记录或描述,是无序的、未经加工处理的原始材料。数据经过采集、整理、聚合、分析后,方能成为具备使用价值的数据资源,参与社会生产经济活动、给使用者带来经济效益,方能成为生产要素。数字技术对传统的要素流动和资源分配的方式造成了巨大冲击,特别是数据作为一项主要

---

[1]《二十国集团数字经济发展与合作倡议》,http://www.g20chn.org/hywj/dncgwj/201609/t20160920_3474.html,2016年9月20日。

的生产要素时，企业的生产方式、商品的运输成本和产业集聚形态都会发生巨大的变化，使传统上依赖实物资本的区域经济发展模式多样化。

相较于传统制造业企业，数字经济企业空间活动的逻辑体现出以下值得关注的特征。一是生产的组织方式。传统制造业的空间格局不能脱离实体空间的开发利用，如工厂建设、仓库存储都是企业生产、要素流动和商品交易的必备条件。因此，制造业企业的空间格局通常呈现出中心化、层级化的特点，容易受到自然禀赋、交通区位等因素的影响。数字经济以互联网、大数据、人工智能等技术为基础，以数据要素为生产要素，突破了传统的物理空间限制，在部门或组织内部能够快速流动和及时共享。基于上述特征，数字经济产业的空间结构通常呈现出非中心化、扁平化的特点，受到自然禀赋、交通区位等因素的影响较小。二是企业的空间范围。传统制造业的市场范围往往局限于一定的地域和城市，在发展重心上也更加注重企业本地化的发展。受制于实体空间的组织和运作，传统制造业企业生产经营需要较多考虑原材料、劳动力等物质因素，生产和流通环节受到空间区位的影响较大。数字技术打破了行政区划的界限，信息和资源的流动更加便捷与高效，企业可以更加灵活地拓展市场和业务范围，在更为广阔的空间范围内实现自身的发展。三是产业的空间形态。传统制造业企业在邻近市场需求或者邻近原材料供给的空间位置上实现集聚。如果存在马歇尔外部性或者雅各布斯外部性，产业的集聚特征会随之得到强化。数字经济企业不需要在地理空间范围内集中，而是利用信息和通信技术等网络手段在虚拟空间集聚，呈现出"聚而不集"的非邻近性地理空间特征。

虽然数字经济企业存在有别于制造业企业的选址机制，数字经济企业的空间选址机制并非随机的，相反，数字经济企业的空间分布会受到多重外部因素的影响。本书基于要素边际成本、企业运营成本和企业设立门槛等视角，分别从数据要素成本、数字基础设施和数字支撑生态等角度，分析影响数字经济企业的外部因素。

第一，数据的收集、处理、存储和分析需要投入大量的时间和资源，数据要素的边际成本指每增加一个单位的数据所需的成本，涉及时间、人力、物力等多个方面，是企业需要重点考虑的因素。一般来说，数据要素的边际成本会随着数据量的增加而增加。但是，数据要素的成本也受到外部性因素影响。从技术层面看，如果能够通过技术创新和流程优化等方式提高数据处理效率，就可以降低数据要素的边际成本。从数据获取的层面看，经济活动较为密集的地区，产生的数据量也相对较大，为数据要素的获取创造了更多机会。

第二，数字基础设施是数字经济发展的前提，不仅包含互联网和移动通信技术，还囊括了物联网、大数据、人工智能等新兴领域。例如，利用物联网技术，可以实现万物互联，将各种设备和传感器连接到网络中，从而实现对物理世界的全面感知和监测。利用大数据技术可以实现对海量数据的处理和分析，挖掘出其中的价值，为各种决策提供数据支持。利用人工智能技术可以借助机器学习和深度学习等手段，实现对数据的自动化处理和分析，提高数据处理效率和精度。新型数字基础设施的建设和发展，不仅可以促进数字经济的快速发展，还可以推动传统产业的数字化转型和升级。

第三，数字支撑生态是确保数字经济企业平稳运行的保障。狭义的数字支撑生态指代各种数字技术和服务，包括数字化转型的策略规划和实施建议、数字化转型所需的技术和工具、市场需求和消费者行为洞察、网络安全和数据安全方面的保障等。广义的数字支撑生态还包含数字经济政策、金融支撑等，用于帮助企业更好地进行数字化转型，提高数字化转型的成功率和效果。

区域数字经济协调发展不要求各个经济单元在数字经济的发展质量和发展水平上保持均等，而是更加关注通过构建区域间协同发展和优势互补的机制，释放不同区域的内生动力，着力缩小数字经济的相对差距，形成数字经济有序协调的区域经济发展格局。因此，要把各区域数字经济发展放到推动区域协调发展中来谋划，将发展数字经济作为推动区域协调发展的重要抓手。实现城市群内部联动发展，将外围地区的低成本优势、资源优势与中心地区的技术、市场和数字产业优势结合起来，形成优势互补、协同发展的机制。

本书立足我国数字经济的发展现状，以数字经济企业的空间分布为切入点，研究数字经济企业的空间分布问题。目前，数字经济的空间发展格局逐渐显现出"马太效应"，先发地区可以凭借便利的信息基础设施和发达的支撑服务体系进一步扩大数字经济的发展优势，后发地区难以吸引资金、人才和技术，面临巨大的虹吸压力。不同于现有宏观视角的研究，本书以数字经济企业的空间分布为切入点，通过对数字经济企业空间分布情况进行精准的刻画，深化对数字经济空间格局的宏观认识。在此基础上，本书分析数字经济选址行为，探究形成当前数字经济企业空间发展差距的原因，以设立国家级城市群为外生冲击，分别从供给侧和需求侧探究城市的空间关联对数字经济企业选址决策的影响，进一步对不同类型城市所受影响的异质性进行讨论。

本书的结构安排如下：第1章为本书的开篇章节，提出数字经济空间的分布问题，对数字经济企业的空间活动特征进行简单介绍。第 2 章分别从生产要素、运输成本和集聚形态三个维度，将数字经济企业和传统制造业企业进行比较，归纳总结数字经济企业的空间活动特征，基于数字基础设施、数字交易成本和数字支撑生态三大外部因素，提出数字经济企业空间活动的决策机制。第 3 章使用翔实的微观数据，分别从企业注册数量和企业注册资本两个维度，刻画我国数字经济企业的空间分布特征，直观描绘数字经济企业的空间分布逻辑，验证城市数字经济发展基础与数字经济企业选址之间的联系，以及城市群建设对企业空间分布的影响。第 4 章提出数字经济企业的选址机制，使用微观数据验证数字经济企业的选址行为，使用无条件分布函数探究大城市数字经济企业规模优势的来源，设计多个回归方程排除竞争性假说，与制造业企业的选址行为进行比较和辨析。第 5 章分析城市间的联系对数字经济企业选址行为的影响，提出市场借用和功能借用两大机制，以设立城市群为外生冲击，探究城市间更为紧密的联系对数字经济企业空间分布的影响，检验市场借用和功能借用两大机制。第 6 章对全书内容进行总结，根据本书的研究内容提出针对性的政策建议，试图在确保先发地区持续发挥比较优势的基础上，寻求实现数字经济区域协调发展的有效路径。

本书研究设立城市群对我国数字经济企业选址行为的影响，有助于促进数字经济在区域上的协调发展，防止出现新的"数字鸿沟"，也进一步拓展了异质性企业选址的研究。具体来说，可能存在以下几点边际贡献。第一，本书明确了数字经济企业的选址机制。现有文献在研究数字经济企业的空间问题时，主要关注宏观层面的发展差异，较少关注微观层面的作用机制。企业是经济活动的主体，数字经济企业的选址、投资行为，将会决定城市数字经济产业的兴衰。相较于制造业企业，数字经济企业在空间选址上有其自身的逻辑，本书对二者的选址机制进行详细辨析，提出数字经济企业不同于制造业企业的选址机制，填补了数字经济企业选址行为研究方向上的空白，也对企业选址问题的研究进行了拓展。第二，本书研究设立国家级城市群对数字经济企业选址行为的影响。现有研究主要关注城市的社会经济特征与数字经济发展水平的联系，尚未从区域一体化角度研究城市间关联与数字经济企业空间活动的关系。本书研究创新性地提出市场借用与功能借用两大机制，分析了城市联系对数字经济企业空间选址的影响，是对城市群相关研究的有效补充。第三，本书的研究为因地制宜培育数字经济产业集群、优化数字经济空间布局提供一定的政策启发，为推动数字经济发展战略从地区性发展到跨区域的统筹布局提供理论支撑和实践参考。

参 考 文 献

国家互联网信息办公室. 2022. 数字中国发展报告（2022 年）. 北京：国家互联网信息办公室.

黄群慧. 2018. 改革开放 40 年中国的产业发展与工业化进程. 中国工业经济, (9): 5-23.

裴长洪，倪江飞，李越. 2018. 数字经济的政治经济学分析. 财贸经济, 39(9): 5-22.

腾讯研究院. 2018. 2018 中国"互联网+"指数报告：中国数字经济版图初现. https://www.sohu.com/a/228214883_297710[2024-03-01].

习近平. 2022. 不断做强做优做大我国数字经济. 先锋, (3): 5-7.

许宪春，张美慧. 2020. 中国数字经济规模测算研究：基于国际比较的视角. 中国工业经济, (5): 23-41.

姚毓春，张嘉实，赵思桐. 2022. 数字经济赋能城乡融合发展的实现机理、现实困境和政策优化. 经济纵横, (12): 50-58.

曾祥炎, 魏蒙蒙, 梁银笛. 2023. 数字经济促进区域协调发展: 机理、难点与对策. 东岳论丛, 44(11): 114-120, 192.

詹晓宁, 欧阳永福. 2018. 数字经济下全球投资的新趋势与中国利用外资的新战略. 管理世界, 34(3): 78-86.

张可云, 杨丹辉, 赵红军, 等. 2022. 数字经济是推动区域经济发展的新动力. 区域经济评论, (3): 8-19.

张鹏. 2019. 数字经济的本质及其发展逻辑. 经济学家, (2): 25-33.

中国互联网络信息中心. 2021. 第 48 次中国互联网络发展状况统计报告. 北京: 中国互联网络信息中心.

中国互联网络信息中心. 2022. 第 49 次中国互联网络发展状况统计报告. 北京: 中国互联网络信息中心.

中国互联网络信息中心. 2023. 第 51 次中国互联网络发展状况统计报告. 北京: 中国互联网络信息中心.

中国人事科学研究院. 2023. 2023 短视频直播生态催生新职业促进高质量发展充分就业报告. 北京: 中国人事科学研究院.

中国信息通信研究院. 2017. 中国数字经济发展白皮书(2017 年). 北京: 中国信息通信研究院.

中国信息通信研究院. 2018. G20 国家数字经济发展研究报告(2018 年). 北京: 中国信息通信研究院.

中国信息通信研究院. 2019. 中国数字经济发展与就业白皮书（2019 年）. 北京: 中国信息通信研究院.

中国信息通信研究院. 2021. 数据价值化与数据要素市场发展报告（2021 年）. 北京: 中国信息通信研究院.

中国信息通信研究院. 2022. 中国数字经济发展研究报告（2022 年）. 北京: 中国信息通信研究院.

中国信息通信研究院. 2023a. 数据要素白皮书（2022 年）. 北京: 中国信息通信研究院.

中国信息通信研究院. 2023b. 中国数字经济发展研究报告（2023 年）. 北京: 中国信息通信研究院.

Galindo-Martín M Á, Castaño-Martínez M S, Méndez-Picazo M T. 2019. Digital transformation, digital dividends and entrepreneurship: a quantitative analysis. Journal of Business Research, 101: 522-527.

Hawash R, Lang G. 2020. Does the digital gap matter? Estimating the impact of ICT on productivity in developing countries. Eurasian Economic Review, 10(2): 189-209.

OECD. 2010. OECD Information Technology Outlook. Paris: OECD Publishing.

OECD. 2014. Measuring the Digital Economy: A New Perspective. Paris: OECD Publishing.

Porat M U. 1977. The Information Economy: Definition and Measurement. Washington DC: U.S. Government Printing Office.

Quintanilla G. 2015. Exploring the m-government//Mehdi Khosrow-Pour D B A. Encyclopedia of Information Science and Technology. Hershey: IGI Publishing: 2726-2734.

Sorbe S, Gal P, Nicoletti G, et al. 2019. Digital dividend: policies to harness the productivity potential of digital technologies. Paris: Organisation for Economic Co-operation and Development.

Tapscott D. 1996. The Digital Economy: Promise and Peril in the Age of Networked Intelligence. New York: McGraw-Hill.

第 2 章　数字技术、数据要素与数字经济企业空间活动

在数字经济时代，快速迭代的数字技术和广泛应用的数据要素推动企业经营活动持续变革。首先，数字技术是数字经济企业的核心驱动力，大数据、云计算、人工智能等技术和应用为企业提供了强大的数据处理与分析能力，可以帮助企业更好地利用数据要素、创新商业模式、提升经营效率。其次，数据要素作为与资本、劳动、土地、技术同等重要的生产要素，逐渐成为辅助企业决策的重要依据，为企业提供深度洞察，帮助企业更好地捕捉市场需求变化，优化产品设计和提升服务质量，成为推动企业发展壮大的重要推动力。最后，数字和信息技术的进步正在改变空间活动的成本，随着交易成本对企业经营决策影响的大幅降低，数字经济企业的空间活动呈现出有别于集聚效应、规模效应之外的新特征，其区域分布和选址行为成为一项值得探究的重点内容。

本章首先讨论数据要素和数字技术给企业生产活动带来的变革，分别从生产、交换、销售、分配等环节分析数字经济企业的经营特点。其次，讨论并比较数字经济企业和制造业企业空间决策逻辑的差异，指出数字经济企业空间经济活动的特征。再次，根据数字经济企业的经营特点，结合城市经济学相关理论，探究影响数字经济企业空间活动的外部因素。最后，基于中国数字经济发展的实际情况，结合中国数字经济区域发展不平衡的现状，对其成因和机理进行详细的分析。

2.1 数字技术推动企业经营变革

数字技术的应用领域较为广泛,其内容和形式也在不断丰富与拓展,成为推动产业结构优化升级的重要引擎。根据数字技术的具体内涵和应用场景,其发展历程可被分为三个阶段。第一阶段,数字技术作为一种通信技术,极大降低了经济活动的交易费用,其应用场景集中于信息通信领域,如通信技术、信息技术、数字内容等(Landefeld and Fraumeni,2001;OECD,2014)。第二阶段,区块链、大数据、云计算、人工智能等通用目的技术开始涌现(许恒等,2020;蔡跃洲和牛新星,2021),数字技术通过与资本、劳动等传统要素融合进入企业的生产流程,实现企业经营决策和生产模式的转变(刘平峰和张旺,2021)。第三阶段,数字技术体现出较强的适用性和扩散性,和实体经济不断碰撞、融合,催生、孵化出新产业、新业态、新模式,持续创造新的价值路径(徐鹏和徐向艺,2020;杨飞和范从来,2020)。

从企业生产角度看,数字技术与企业生产经营有机结合,实现企业生产模式、组织机构的重组,优化企业的生产工艺和生产流程(Heo and Lee,2019;张三峰和魏下海,2019)。例如,人工智能技术促进了企业业务流程和管理工作的智能化,帮助企业在改进劳动生产效率的基础上实现自动化生产(郭凯明,2019)。从价值路径角度看,数字技术使得大规模定制服务成为可能(刘意等,2020)。大数据、人工智能等技术不仅能够提供包含可准确度量的结构化信息,还包含声音、图像、视频等非结构化信息,催生精准敏捷的产品或服务供应生产模式。上述技术使企业经营者能够在近乎完全信息的环境下进行决策,驱动产品设计迭代更新,实现全新的价值增值和价值创造（赵振和彭毫，2018；陈冬梅等，2020）。

数字技术（如物联网、区块链等）在改变企业生产经营模式的同时，弱化了企业间（或者是企业与消费者之间）以交通成本为纽带的空间联系，强化了产业内协同（张永林，2016）。交易成本可被分为信息成本和运输成本两部分。从运输成本角度看，数字产品和数字服务可以非实物形态存在，其交易不依赖于实物交割，运输成本对企业区位选择的影响会因此弱化。从信息成本角度看，数字技术发展弱化了"信息不对称"的影响，区块链技术能够将信息多点记录和共享（即分布式记账），通过智能合约重构使交易成本消除存在可能，以此确保数据存储和交易过程公开透明、不被篡改，有效解决了交易双方信用评级、交易风险评估、交易事后执行中的"信息不对称"问题（何瑛等，2020）。在此基础上，企业的集聚形态将随之改变，极大地增强了产业在空间上的可延展性，弱化交通条件及自然地理对空间形态的局限，即"虚拟集聚"（王如玉等，2018）。

从交易成本角度看，数字技术能够实现数据的结构化、即时传输和低成本复制，切实降低企业的管理和交易成本，实现资源精准配置和生产效率提升（Goldfarb and Tucker，2019）。例如，区块链是一种块链式存储、不可篡改、安全可信的去中心化分布式记账技术（Nakamoto，2008），可以将企业的研发、生产、交易等环节的重要过程，结合分布式存储、点对点传输、共识机制、密码学等技术进行记录，实现经济活动的可溯源性（张勖等，2022）。又如，云计算作为一种分布式计算技术，能够有效提升企业内部、企业之间和产业之间的数据共享能力，在企业内部管理和企业间的生产协同中扮演重要角色（张云霞，2013）。再如，数字技术能够缓解信息不对称造成的效率损失,减少企业在融资过程中的搜寻成本,促进企业将更多的精力和资源投入生产环节,间接提高企业的生产效率(卢亚娟和刘骅,2018;Hornuf et al.,2021)。

2.2　数据要素改变企业生产模式

企业内部的生产经营活动以及与外部用户、上下游伙伴、行业组织、政府机构的交互,会产生并积累大量冗余数据和孤立数据,对企业价值创造的贡献相对较小,需要与算力、算法相结合,通过提取、积累、整合,实现从数据资源到数据要素的转变(焦豪等,2021)。数据的价值转化过程紧密依赖于技术分析的手段,必须以其他生产要素作为载体才能发挥作用,不同的数据解读技术创造出的价值密度差异极大(Jorgenson and Vu,2016)。数据要素虽然不能直接用于商品生产和服务供给,但是可以通过创造新的知识或者形成对经济趋势的预测,指导企业的经济活动(Jones and Tonetti,2020)。

在决策环节,企业通过对数据要素的挖掘、提取和分析,可以快速了解消费者的最新需求、预测市场的变动趋势,对市场需求和潜在机会进行快速响应;可以精准分析企业的运营状态和市场环境,帮助企业在日趋激烈的市场竞争态势下,制定更具针对性、时效性的策略;可以发现潜在的质量问题、效率瓶颈和安全隐患等,采取相应的改进措施提升产品质量,持续优化产品的设计工艺和服务的供给;可以制订更加精准的生产计划、成本控制措施和产品营销策略,缩短产品研发周期、优化生产流程、优化库存管理,提高柔性化的生产能力(戚聿东和刘欢欢,2020;许宪春和王洋,2021)。

在生产环节，数据要素与传统要素进行替代与融合，如机器换人、设备维护、产品溯源等，能够更大程度地提高生产与决策的效能。具体来说，数据对企业生产的影响表现在以下三个方面：一是数据进入生产函数后，会对其他生产要素产生替代，即在同样的产出下，可以减少一种或几种生产要素的使用；二是数据能够使其他生产要素在投入不变的情况下，发挥更大的作用，形成更大的产出（史丹和孙光林，2022）；三是数据与其他生产要素一起使产出的结构、质量、性能发生显著改变（陈雨露，2023）。在消费环节，无论是国内市场还是国际市场，数据要素扩大了生产者和消费者的市场半径，衍生了电子商务、直播带货、跨境电商等诸多新的消费模式。

在流通环节，数据要素打破上下游之间、企业之间、企业与消费者之间的信息壁垒，打破了流通交换中的"信息孤岛"，极大地提高了流通效率。数据要素和数字经济产品的使用价值与消费价值不依赖于物质形态，其价值的让渡也不依赖于制成品的交割，企业与企业、企业与消费者的交易可以在虚拟平台上实现，交易主体间的交易成本不再受限于地理距离所决定的物理运输成本。随着信息技术的不断迭代和平台应用的普及，传统交易范式中由信息不对称造成的摩擦成本也在不断减少。以区块链为代表的新型数字经济技术通过多点记录、智能记账等方式，解决了信息不对称造成的信用风险，实现了交易模式的去中介化（Schmidt and Wagner，2019），减少了交易过程中的合约成本、救济成本（戚聿东和刘欢欢，2020；唐松等，2020）。以网络平台为代表的新型数字经济应用逐渐成为产品交易的信息集散中心，能够以较低成本提供供需双方所需的信息，极大地降低了交易过程中的搜寻成本（陈晓红等，2022）。

2.3 数字经济企业与传统企业空间活动比较

一般来说，根据企业产品的物质形态，数字产品可被分为两类：有形的硬件产品和无形的信息产品。有形的数字硬件产品是数字经济发展的重要基石，包括各种电子设备、通信网络设施、人工智能设备等。无形的数字信息产品有别于传统制成品的非物质形态产品，主要以字符串代码或者比特形式存在，以服务器、存储设备、网络设备等硬件设施为物质载体（裴长洪等，2018）。虽然与传统制成品在物理形态上存在显著差异，但是数字信息产品同样是经济社会运行中不可或缺的消费品。随着企业数字化转型步伐的不断推进，越来越多的数字信息产品作为中间品投入生产中。就数字信息产品本身而言，再生产的边际成本趋近于 0，具有可复制性、非排他性、网络外部性等特点，在大量情形中，卖方只是向买方提供数字信息产品的使用权，数字产品的价值不会随着数字产品的交易产生让渡。同时，网络外部性使得数字经济企业在拥有大规模用户和丰富多样数据的情况下，可以更好地了解用户需求，为用户提供个性化、定制化的服务，进而挖掘更大的社会经济价值（冯振华等，2023）。

工业经济时代的产业空间格局建立在节约运输成本和获取集聚收益的基础上（Marshall，1890；Krugman，1991）。虽然传统产品的价值形态同样可以根据其物质形态进行划分，但是无论是有形商品还是无形商品，价值创造和让渡的过程均不能与物质载体所切割。在产品的生产环节，制造业企业倾向于在靠近原材料区位开展生产活动，以降低要素的运输成本，这一现象在新经济地理中被称为企业的"供给邻近"。服务业企业的生产过程不依赖于原材料和中间品的投入，人工费用是其主要生产成本，在同等条件下，服务业企业倾向于工资水平较低的地区。在产品的交易环节，以有形产品为例，粮食、衣物、汽车等商品的交付过程通常也伴随着使用价值让渡的过程，家政、金融、教育等无形产品也伴随着服务供给方与需求方在物理空间上的接触。因此，无论是有形产品还是无形产品，其生产、交换和消费的过程，均至少有一项环节不能脱离具体的物质载体。进一步地，出于满足工人消费需求的目的，企业倾向于选择商品供给较为充足的区域建厂以降低工资支出。制造业和服务业协同选址的空间格局正是工业经济时代的典型现象，制造业企业和产业工人对生产性服务与生活性服务的需求也是服务业企业空间选址的主要考虑因素，导致制造业、服务业企业均会选择在特定地区集聚以节约生产和运输成本。

企业在进行日常运营、管理和决策时，会收集和生成大量的数据，具体包括客户信息、销售数据、员工绩效等。由于企业的生产经营活动是不断变化的，产生的数据也是实时更新的，但是这种更新并不意味着过去的数据会因此失去价值，而是新旧数据要素同时能够为企业的生产创造相应的价值。企业外部购买的数据更接近于数字信息产品，当数字信息产品作为中间投入要素出现时，数据主要以字符串或者比特的形式存在，数字技术使得高密度、大容量信息流的传递成本与空间距离之间的关系逐渐减弱，为企业外部市场交易成本的降低提供了物质基础。因此，传统的要素获取依赖具体的物理空间，企业通常会选择靠近需求市场或者供给市场的区域，以节约生产过程中的运输成本。不同于传统要素，数据要素的空间运输成本几乎为零，这就导致企业的生产决策较少受到原材料供应地空间位置的影响，鲜有出现"供给邻近"的现象。数据作为一种生产要素，在生产过程中展现的特征可以简单归纳为"降本"和"提效"。与传统要素类似，数据要素的边际成本同样可以分为固定成本和可变成本两部分。其中，固定成本在现实中通常表现为处理系统、存储设备等软硬件的固定投入。可变成本包括数据清洗、数据传输、数据分析等技术性费用以及电力、网费、硬件折旧等损耗性费用。显然，随着数据要素体量的增加，数字经济企业投入的固定成本能够被摊薄。但是，数据要素在生产过程中不会被磨损消耗，可以重复使用，甚至可以随着生产规模的扩张积累形成更多的数据（申卫星，2020；黄阳华，2023）。即使在数据要素的生产过程中存在间接的运输成本（如平台企业用户的接入成本），也会因数据要素呈现边际成本递减的特征而被摊薄。随着数据要素容量的增加，在数字经济企业的良性互动过程中，数据要素能够更好地帮助企业实施精准决策、提高产品质量、完善生产工艺、捕捉市场机遇，在整体上提高企业的生产效率和经营绩效。需要指出的是，数据要素发挥"提效"作用不能脱离现实的生产要素，考虑生产要素对数字经济企业空间活动的影响时，不能完全套用"距离已死"的构想，而是要兼顾传统要素，甚至传统市场需求的影响。

数字信息技术的发展改变了宏观经济中各类物质生产要素的配置方式，价格信息可依托网络空间实现几近完全的无滞后传递，物质生产要素在各生产部门间的配置和转移也可实现基于算法和数据的不断优化。传统的交易过程是以物理空间为媒介，在固定的市场中实现市场信息的传递和商品要素的交割，人力、电力、机械力等物理要素主导了经济的空间活动。基于数字信息技术，一个无形的、不固定的虚拟市场正在形成。数字技术将供求双方直接联系在一起，有效缓解了交易双方的信息不对称问题，大幅度降低了交易过程中的搜寻成本、信息成本、议价成本及监督成本。传统的市场可能会因为商品种类丰富和市场规模扩大面临信息冗余的挑战，但是借助大数据等新兴数字技术，优化供需之间的匹配路径，提高商品和要素的交易效率。同时，数字交易技术也优化了原有的物流系统，提高了其在经济系统中的覆盖率和渗透率。数字信息技术打破了对经济活动的空间限制，促进了区域市场的整合。对于消费者而言，数字信息技术成为他们获取更多商品和服务的重要途径，消费者被引入更为广阔的市场，接触来自世界各地的多元化产品。对于企业而言，数字信息技术消除了生产规模对当地人口和市场偏好的依赖，有助于推动其市场份额的增长。

数字信息技术打破了物理时空的限制，推动了在线化经济活动方式的发展，传统交易模式面临深刻转变。除去消费端的市场整合，在生产过程中，数字技术和网络空间的发展在改变资源配置方式的同时，还改变了生产过程的协作方式。在组织架构上，数字信息技术融入制造企业生产经营活动的各个方面，数字信息技术主导的数字化网络，通过交换数据、响应指令、执行操作等活动，将部门内部的业务流程、部门之间（不同业务单元）的业务流程紧密联系在一起，提高了企业内部的生产协作效率。在生产流程上，"数字孪生"技术实现了劳动与物质资料生产过程的分离，传统的线性分工也转变为网络化、非线性的分工模式；"元宇宙"技术主导的具象化网络空间将进一步使劳动者的协作、分工脱离物理距离、要素禀赋等物理空间限制，进一步促进劳动组织方式的网络化、虚拟化和碎片化，涌现了"零工经济"、在线服务众包、开发者社区等在线化生产形态。

随着数字信息技术的发展，社会分工协作将依托网络空间在更为广阔的领域拓展。虽然不同地点、不同类型的劳动者可以通过虚拟现实的"元宇宙",在虚拟空间内完成产品设计、虚拟零部件组装和调试等,但是劳动组织、商品交易、服务提供等传统的社会经济活动仍然需要进一步依托具象化的物理空间来实现。相对应地,数字化的产品和服务在数字平台上复制与传输的成本几乎为零,大大提高了内容产品的可交易性,能够迅速扩大数字经济企业产品和业务的市场份额。可见,数字信息技术带来的交易成本变革,对传统企业和数字经济企业存在不同的影响。

2.4 数字经济与区域经济协调发展

数字经济促进了企业生产模式的转变,推动了不同地区的产业升级,给城市经济带来了新的增长点。数字技术具有较强的渗透性,可以有效推动城市发展动能的转变。对于经济发达地区而言,数字技术与实体经济融合能够进一步促进高端制造业发展。数字经济的蓬勃发展又进一步带动了数字基础设施和数字服务产业的需求,形成了正向的循环效应。对于欠发达地区而言,依靠精准高效的数字网络,欠发达地区得以在更大的地理空间交付产品或提供服务,克服不利的区位因素。同时,数字经济为欠发达地区产业转型或经济提振提供了路径选择,有望帮助欠发达地区打破瓶颈,走出困境。利用数字经济能够形成新的比较优势。数字经济企业对运输成本和劳动力成本的敏感度较低,选址决策也不同于传统制造业企业。以电子商务、人工智能、智能制造为代表的数字产业正在发展,将会改变城市的产业发展模式,成为区域经济发展模式的主要动力。数字经济可以使原本没有数字产业发展优势的地区依靠政府的大力促进和长期支持,形成新的、有利的数字经济产业集群。

需要指出的是,数字经济与城市的数字经济发展基础存在较大关联。数字经济的发展不是平地起高楼，而是需要数据要素供给和数字基础设施予以支撑。接下来将分别从数字经济企业产品生产和数字经济企业技术应用的角度进行分析。

一方面，数字经济企业新产品、新模式、新业态的形成依赖于数据要素的使用。单一样本的数据价值极为有限，需要通过数据积累实现体量的积累，在数据积累达到一定规模后方能形成持续的生产力（王超贤等，2022）。例如，基于数据的服务型制造需要掌握大量企业产品和经营状态数据，企业逐渐在生产设备、物流运输、成型产品中内置传感器和芯片，扩大数据的采集范围，以打通企业内部、企业与合作伙伴、企业与消费者之间的数据连接渠道。在数据量不大的时候，可以依靠自有的计算机、服务器及生产设备所带的嵌入式芯片，对数据进行处理。随着数据对企业潜在价值的逐渐提升，数据的采集、传输、存储、计算需要电力、人力的持续投入，以及技术、算法和解决方案的支持，随着数据量的急剧增加，传统的计算能力已经无法满足海量数据的计算需求，需要大数据中心、云计算中心、超算中心使算力资源云端化，降低算力的获得门槛和使用成本。

另一方面，数字经济企业对数字技术的应用依赖于数字化基础设施。生产部门只有在基于算力、算法等数字技术普惠发展的客观条件下，才具备经济动机利用数据创造价值。云计算等基础设施全面覆盖，使海量数据存储、处理、应用成为可能，数字技术的应用成本将持续下降，生产部门更有动机通过数据挖掘优化资源配置；算法的迭代更新不断提高从数据中提取有用信息的能力，信息的积累带来新知识的获取，帮助企业更好地了解市场需求和消费者行为。大型企业建设数字基础设施，如工业互联网平台、数据中台、私有云、5G专网等，提供给供应链中的合作伙伴使用，甚至进一步向行业内企业乃至整个社会开放。除去企业自建数字基础设施，公共性数字基础设施是区域性数字经济发展的重要支撑力量，其包括多种具体形式：以 5G、光纤、卫星互联网等为代表的网络设施，以通用、智能、超级算力为代表的算力设施，以数据空间、区块链、高速数据网为代表的数据流通设施，以隐私计算、联邦学习等为代表的数据安全设施。

因此，数字经济企业的投资回报率会由于城市间不同的数据处理能力、数字支撑服务而异，从而导致数字经济空间发展格局的分化。数字经济发展基础较好的城市，拥有良好的数字基础设施或是完备的数字经济支撑体系，数字经济的产业规模相对较大，将在数字经济的发展过程中占据优势。数据作为一项生产要素或商品时，数字经济企业的空间分布形态较少受到需求市场或者要素市场位置的影响。相对应地，数据要素对企业的影响更多地体现在数据在企业内部的集聚，而非体现在空间范围上的集聚。

2.5 本章小结

本章立足中国数字经济的发展实践，从生产要素、生产技术和运输成本三个维度对中国数字经济企业空间活动的特征进行归纳与梳理。从生产要素角度看，数据要素的运输成本趋近于 0，且不具备边际报酬递减的特性。从生产技术角度看，数字技术与传统企业生产和经营模式融合，对传统劳动进行替代，推动制造业企业的运营模式和生产效率的变革。从交易成本角度看，数字网络减少了经济活动主体间的沟通协调成本，弱化了市场邻近性对企业空间格局的影响，甚至在一定程度上突破了传统区域边界对企业空间活动的束缚，使得人力资本对数字经济企业的影响变得极其微弱，数字技术供给以及数字化转型支撑生态将是数字经济企业区位选择重点考虑的内容。传统区位影响因素的弱化并不意味着数字经济企业的空间形态出现"距离已死"的格局，空间运输成本的弱化会削弱本地市场效应，企业更容易获取远距离的需求。区域间数字基础设施、数字支撑生态、数字技术服务的差异会被急剧放大，具有较好数字经济发展基础的城市会对后发地区产生强烈的"虹吸效应"，导致城市间出现新的"数字鸿沟"。但是，数字经济也为区域协调发展创造了机遇。因此，在数字经济发展的过程中，要注意发挥好不同地区的比较优势，强化数字经济的带动效应，弱化先发地区的"虹吸效应"。结合地区实际发展情况，有序制定数字经济政策，形成发展数字经济的比较优势，在数字化转型中实现区域的协调发展。此外，数字经济企业在空间活动中的布局，也需要考虑如何更好地接近目标用户群体，以及如何收集和利用多样化的数据。这种变化使得数字经济企业的运营更加注重用户规模和数据多样性，而非简单的空间邻近。

目前，数字经济发展相对较好的城市，也恰恰是数字基础设施、数字支撑生态供给较为充足的城市。相反，数字技术供给不足的地区，在云计算、边缘分析等数字技术成熟运用之前，海量数据的存储、计算、分析需要投入大量人力、物力，同时基于算法的限制，初始阶段数据转化为有效信息的能力有限，企业没有经济动机付出高昂的成本来使用数据创造微不足道的价值。因此，数字经济企业较少地分布在缺乏数据处理能力和数字支撑服务的地区，导致上述地区在数字产业的发展方面较为落后，在长期发展中可能会面临边缘化的困境。

参 考 文 献

蔡跃洲, 牛新星. 2021. 中国数字经济增加值规模测算及结构分析. 中国社会科学, (11): 4-30, 204.

陈冬梅, 王俐珍, 陈安霓. 2020. 数字化与战略管理理论: 回顾、挑战与展望. 管理世界, 36(5): 220-236, 20.

陈晓红, 李杨扬, 宋丽洁, 等. 2022. 数字经济理论体系与研究展望. 管理世界, 38(2): 208-224, 13-16.

陈雨露. 2023. 数字经济与实体经济融合发展的理论探索. 经济研究, 58(9): 22-30.

冯振华, 刘涛雄, 王勇. 2023. 平台经济的可竞争性: 用户注意力的视角. 经济研究, 58(9): 116-132.

郭凯明. 2019. 人工智能发展、产业结构转型升级与劳动收入份额变动. 管理世界, 35(7): 60-77, 202-203.

何瑛, 李堞爽, 于文蕾. 2020. 基于机器学习的智能会计引擎研究. 会计之友, (5): 52-58.

黄阳华. 2023. 基于多场景的数字经济微观理论及其应用. 中国社会科学, (2): 4-24, 204.

焦豪, 杨季枫, 王培暖, 等. 2021. 数据驱动的企业动态能力作用机制研究: 基于数据全生命周期管理的数字化转型过程分析. 中国工业经济, (11): 174-192.

刘平峰, 张旺. 2021. 数字技术如何赋能制造业全要素生产率?. 科学学研究, 39(8): 1396-1406.

刘意, 谢康, 邓弘林. 2020. 数据驱动的产品研发转型: 组织惯例适应性变革视角的案例研究. 管理世界, 36(3): 164-182.

卢亚娟, 刘骅. 2018. 科技金融协同集聚与地区经济增长的关联效应分析. 财经问题研究, (2): 64-70.

裴长洪, 倪江飞, 李越. 2018. 数字经济的政治经济学分析. 财贸经济, 39(9): 5-22.

戚聿东, 刘欢欢. 2020. 数字经济下数据的生产要素属性及其市场化配置机制研究. 经济纵横, (11): 63-76, 2.

申卫星. 2020. 论数据用益权. 中国社会科学, (11): 110-131, 207.

史丹, 孙光林. 2022. 大数据发展对制造业企业全要素生产率的影响机理研究. 财贸经济, 43(9): 85-100.

唐松, 伍旭川, 祝佳. 2020. 数字金融与企业技术创新: 结构特征、机制识别与金融监管下的效应差异. 管理世界, 36(5): 52-66, 9.

王超贤, 张伟东, 颜蒙. 2022. 数据越多越好吗: 对数据要素报酬性质的跨学科分析. 中国工业经济, (7): 44-64.

王如玉, 梁琦, 李广乾. 2018. 虚拟集聚: 新一代信息技术与实体经济深度融合的空间组织新形态. 管理世界, 34(2): 13-21.

肖静华, 胡杨颂, 吴瑶. 2020. 成长品: 数据驱动的企业与用户互动创新案例研究. 管理世界, 36(3): 183-205.

邢小强, 周平录, 张竹, 等. 2019. 数字技术、BOP 商业模式创新与包容性市场构建. 管理世界, 35(12): 116-136.

徐鹏, 徐向艺. 2020. 人工智能时代企业管理变革的逻辑与分析框架. 管理世界, 36(1): 122-129, 238.

许恒, 张一林, 曹雨佳. 2020. 数字经济、技术溢出与动态竞合政策. 管理世界, 36(11): 63-84.

许宪春, 王洋. 2021. 大数据在企业生产经营中的应用. 改革, (1): 18-35.

杨飞, 范从来. 2020. 产业智能化是否有利于中国益贫式发展?. 经济研究, 55(5): 150-165.

张三峰, 魏下海. 2019. 信息与通信技术是否降低了企业能源消耗: 来自中国制造业企业调查数据的证据. 中国工业经济, (2): 155-173.

张勖, 鲁梦楠, 李婧, 等. 2022. 可信交易区块链实验平台关键问题研究. 信息安全研究, 8(5): 437-442.

张永林. 2016. 互联网、信息元与屏幕化市场: 现代网络经济理论模型和应用. 经济研究, 51(9): 147-161.

张云霞. 2013. 基于云计算模式的 ERP 企业管理信息系统分析. 信息安全与技术, 4(2): 47-49.

赵振, 彭毫. 2018. "互联网+" 跨界经营: 基于价值创造的理论构建. 科研管理, 39(9): 121-133.

Chen Y H, Yang J T, Martinez H M. 1972. Determination of the secondary structures of proteins by circular dichroism and optical rotatory dispersion. Biochemistry, 11(22): 4120-4131.

Goldfarb A, Tucker C. 2019. Digital economics. Journal of Economic Literature, 57(1): 3-43.

Heo P S, Lee D H. 2019. Evolution of the linkage structure of ICT industry and its role in the economic system: the case of Korea. Information Technology for Development, 25(3): 424-454.

Hornuf L, Klus M F, Lohwasser T S, et al. 2021. How do banks interact with fintech startups?. Small Business Economics, 57(3): 1505-1526.

Jones C I, Tonetti C. 2020. Nonrivalry and the economics of data. American Economic Review, 110(9): 2819-2858.

Jorgenson D W, Vu K M. 2016. The ICT revolution, world economic growth, and policy issues. Telecommunications Policy, 40(5): 383-397.

Krugman P. 1991. Increasing returns and economic geography. Journal of Political Economy, 99(3): 483-499.

Landefeld J S, Fraumeni B M. 2001. Measuring the new economy. Bea Papers, Survey of Current Business: 23-40.

Marshall A. 1890. Principles of Economics. London: Macmillan.

Nakamoto S. 2008. Bitcoin: a peer-to-peer electronic cash system. https://static.upbitcare.com/931b8bfc-f0e0-4588-be6e-b98a27991df1.pdf[2024-09-08].

OECD. 2014. Measuring the Digital Economy: A New Perspective. Pairs：OECD Publishing.

Schmidt C G, Wagner S M. 2019. Blockchain and supply chain relations: a transaction cost theory perspective. Journal of Purchasing and Supply Management, 25(4): 100552.

第 3 章　数字经济企业的空间分布特征

在数字经济成为推动经济增长主要动力的同时，不同区域间的数字鸿沟却没有有效弥合，甚至有进一步扩大趋势。在数字经济发展不平衡、不充分的背景下，明确数字经济空间分布格局对实现数字经济区域协调发展具有重要意义。现有研究较少关注数字经济的空间差异与动态演化，随着城市经济学、区域经济学和地理科学等学科对数字经济予以重视，部分学者通过指标构建的方式，研究不同省份、城市数字经济的发展差异，进而分析数字经济发展水平的影响因素。也有文献基于区位论、外部性理论、产业集聚理论等，从微观的视角讨论数字经济企业的空间行为。诚然，现有研究就理解城市和数字经济发展的关系开展了有益的探索，但是仍然存在两点值得深入探究之处：一是现有研究大多使用宏观数据作为衡量地区数字经济发展水平的指标，但是宏观数据可能不能准确刻画城市数字经济的发展水平。二是现有研究主要描述数字经济的截面空间分布，然而数字经济发展日新月异，也容易受到外界环境的影响，有必要探究数字经济企业空间分布格局的时空演进特征。

目前，我国经济发展的空间结构正在发生深刻变化，城市群正在成为承载发展要素的主要空间形式。城市群的设立使城市间的经济联系变得更为紧密，促进资源要素顺畅流动、高效利用，推动城市合理分工、联动发展，实现区域经济集约高效发展。现有文献围绕城市群的政策效果开展了大量研究，在企业层面和空间层面检验了城市群设立对于企业生产率、企业投资、企业集聚等的影响,但是鲜有文献关注城市群和数字经济企业间的联系。因此,自然的问题是,城市群的设立是否会吸引更多的数字经济企业?是否会引起数字经济企业空间分布的变化?城市群的设立会推动区域市场整合,加快资源和要素在地区间的流动,非中心城市在数字经济发展前景得到拓展的同时,也将面临更大的虹吸压力。因此,有必要对中心城市的溢出效应和"虹吸效应"进行辨析。

本章利用2000~2019年工商企业注册信息进行研究,在城市层面对企业注册信息进行汇总,刻画数字经济企业的空间分布特征。使用泰尔指数分析中国数字经济企业在地理空间的分布差异,捕捉其时空演化规律。以国家级城市群批复作为外生冲击,检验城市群对数字经济产业发展、数字经济区域发展差异的影响,探究中心城市与非中心城市的空间关系,以期为推动数字经济在不同区域之间协调发展提供有益借鉴和启发。

3.1 数字经济企业空间分布的测度

3.1.1 数据来源

数字经济的发展历程可以大致分为三个阶段。在第一阶段,数字经济的定义主要涵盖数字技术生产力,信息和通信技术是数字经济的主要引擎,强调数字技术产业及其市场化应用。随着互联网、移动设备及社交媒体等技术的广泛普及与深入发展,信息的传递速度与传播范围均实现了跨越式的增长,广大消费者通过信息和通信技术能够便捷地获取和处理信息,实现信息的快速分享与高效应用(Porat, 1977; Duranton and Puga, 2005)。在第二阶段，数字经济的定义大幅拓展，融入数字平台的相关内容，涵盖制造业和服务业的广大领域。互联网的快速发展使得电子商务、共享经济、互联网金融等新兴业态发展壮大，成为数字经济的关键组成部分（刘茂松和曹虹剑，2005；程立茹，2013）。在第三阶段，数字经济的定义进一步拓展，融入产业数字化、数字产业化等新元素，应用场景与发展空间不断延伸。随着数据资源的日益丰富和数字技术的不断创新，数字经济与传统产业的界限逐渐模糊，在多个关键领域实现深度融合，更为多元的经济体系开始形成（李海舰等，2014；Tapscott，1996；Knickrehm et al.，2016）。

现有研究关于数字经济的定义同时存在宽、窄两种口径。其中，窄口径包括信息通信技术货物和数字服务生产的相关经济活动，以及电子商务、数字音乐、数字金融、数字文化等数字经济特定业态。宽口径将数字经济定义为围绕数据获取、加工、计算、运用、存储等活动所形成的新型经济形态（续继和唐琦，2019；张勋等，2019；关会娟等，2020；许宪春和张美慧，2020）。本书采用宽口径定义，根据国家统计局所制定的《统计用产品分类目录》，将从事特定经营业务的企业定义为数字经济企业（蔡跃洲和牛新星，2021）。在确定数字经济企业的范围后，进一步利用微观数据识别企业是否为数字经济企业。微观数据来自国家企业信用信息公示系统，由于新注册工商企业所属的行业信息未有报告，需要根据企业的经营范围对新注册企业的行业进行识别。本章使用《统计用产品分类目录》与国民经济行业分类，筛选出数字经济产品以及生产这些产品的行业，根据工商企业注册信息中报告的企业经营范围，与《统计用产品分类目录》的产品名目进行 N 对 1 匹配，识别每年新进入市场的数字经济企业，得到共计八个产业分类。具体分类如表 3-1 所示。

表 3-1 数字经济企业的分类标准

代码	数字经济企业的产业分类	对应产品
40	通信设备,计算机及其他电子设备	通信传输设备；通信交换设备；通信终端设备；移动通信设备；移动通信终端设备及零部件；通信接入设备；雷达、无线电导航及无线电遥控设备；广播电视设备；电子计算机及其部件；计算机网络设备；电子计算机外部设备及装置；电子计算机配套产品及耗材；信息系统安全产品；真空电子器件及零件；半导体分立器件；集成电路；微电子组件；电子元件；敏感元件及传感器；印制电路板；家用音视频设备；其他未列明电子设备
60	电信和其他信息传输服务	互联网信息服务
61	计算机信息服务	计算机系统服务；数据处理服务
62	软件服务	基础软件设计服务；应用软件设计服务；嵌入式软件服务；软件技术服务
63	批发服务	其他未列明批发服务
65	零售服务	互联网销售
88	新闻出版服务	网络新闻采编服务；电子出版物出版服务；互联网出版服务
89	广播、电视、电影和音像服务	电影放映服务；音像制作服务；互联网广播节目播出服务；互联网电视节目播出服务；网络电影播出服务

注：代码为《统计用产品分类目录》对应产品代码。数字经济企业的产业分类可参考国家统计局颁布的《数字经济及其核心产业统计分类（2021）》。本章所涉及的批发服务主要包括计算机批发、通信设备批发、涉及数字经济产品的国内国际贸易代理服务，而非传统的农牧产品、粮食批发服务

3.1.2 变量设定

（1）数字经济企业的空间选址。使用工商企业注册信息中企业的经营范围，识别新注册的数字经济企业，利用企业数量和企业注册资本数据，在城市层面刻画数字经济企业的选址情况。通过上述方式，本节得到不同城市每年新增数字经济企业的具体数

量，有助于进一步揭示数字经济企业的空间分布特征。为研究不同城市数字经济企业的资本规模，我们从工商企业注册信息中提取每年新注册数字经济企业的注册资本信息，在城市层面进行汇总和计算，得到不同城市在样本期间新注册数字经济企业的平均注册资本。

（2）泰尔指数。泰尔指数表示地区间数字经济企业的空间分布差异，数值越小，数字经济企业空间分布差异越小；数值越大，数字经济企业空间分布差异越大。当泰尔指数等于 0 时，说明数字经济企业在空间上的分布呈现平均化态势。泰尔指数计算公式如式（3-1）所示：

$$\text{TL}_t = \frac{1}{n}\sum_{i=1}^{n}\frac{\text{digit}_{it}}{\text{digit}_t}\ln\frac{\text{digit}_{it}}{\text{digit}_t} \qquad (3\text{-}1)$$

其中，TL_t 表示泰尔指数，即 t 年地区间数字经济企业的空间分布差异，以当年新注册的数字经济企业数量或平均注册资本计算得到；digit_{it} 表示第 i 个城市第 t 年新注册数字经济企业的相关指标；digit_t 表示城市群或全国新注册数字经济企业的相关指标。泰尔指数可被分解为组内差异和组间差异，被广泛应用于不同组别的差异比较，具体如式（3-2）所示：

$$\begin{aligned}\text{TL} = &\sum_{i=1}^{n_k}\text{digit}_{it}\left(\sum_{i=1}^{n_k}\frac{\text{digit}_{it}}{\text{digit}_t}\left(\ln\frac{\text{digit}_{it}}{\text{digit}_t}-\ln\frac{1}{n_k}\right)\right)\\&+\sum_{i=1}^{n}\text{digit}_{it}\ln\left(\frac{\text{digit}_{it}}{n_k/n}\right)\end{aligned} \qquad (3\text{-}2)$$

$$\text{TL}=\text{TL}_{\text{within}}+\text{TL}_{\text{between}}$$

其中，

$$\text{TL}_{\text{within}} = \sum_{i=1}^{n_k}\text{digit}_{it}\left(\sum_{i=1}^{n_k}\frac{\text{digit}_{it}}{\text{digit}_t}\left(\ln\frac{\text{digit}_{it}}{\text{digit}_t}-\ln\frac{1}{n_k}\right)\right)$$

$$\mathrm{TL}_{\text{between}} = \sum\nolimits_{i=1}^{n} \mathrm{digit}_{it} \ln\left(\frac{\mathrm{digit}_{it}}{n_k/n}\right)$$

（3）莫兰指数。莫兰指数用来反映一个地区总体的空间差异，取值范围为[-1,1]。莫兰指数大于 0，单元的属性值与其相邻单元的变动趋势一致，被称为空间正相关，莫兰指数越接近 1，属性值的变化特征越类似。相对应地，莫兰指数小于 0，单元属性值与其相邻单元呈现相反的变动趋势，被称为空间负相关，莫兰指数越接近-1，属性值的变化特征越趋于完全相反。莫兰指数等于 0，单元的属性值与其相邻单元不存在空间自相关关系，属性的分布不会受到空间因素影响。莫兰指数计算方法如式（3-3）所示，w_{ij} 为权重矩阵。一般来说，现有研究主要使用邻接矩阵、距离矩阵、经济距离矩阵等空间权重矩阵。不失一般性地，本章选用距离矩阵作为后续研究的空间权重矩阵。

$$I = \frac{\sum_{i=1}^{m}\sum_{j=1}^{n} w_{ij}(x_i - \bar{x})(x_j - \bar{x})}{S^2 \sum_{i=1}^{m}\sum_{j=1}^{n} w_{ij}} \quad (3\text{-}3)$$

3.1.3 研究方法

本章构建回归方程（3-4）来评估设立国家级城市群对数字经济企业空间布局的影响。如果某一城市所在城市群得到国务院批复，其被视为实验组。相对应地，如果某一城市未被纳入国家级城市群，或者是被纳入国家级城市群但是尚未得到国务院批复时，被视为对照组。模型设定如式（3-4）所示：

$$\mathrm{digit}_{it} = \beta + \beta_1 \mathrm{policy}_{it} + X_{it} + \sigma_i + \delta_t + \xi_{it} \quad (3\text{-}4)$$

其中，digit_{it} 表示第 i 个城市第 t 年新增数字经济企业的数量，或表示新增数字经济企业的平均注册资本。policy_{it} 表示虚拟变量，

表示城市 i 第 t 年是否被纳入国家级城市群，如果得到国务院批复，policy$_{it}$ 取值为 1，否则取值为 0。目前，判定城市群实际开始建设的时间尚无统一标准，本章采用获得批复时间作为政策的时间变量，因为设立国家级城市群均有国务院公文显示具体的批准日期，这样不仅在时间上更为精确，而且能够更有效地识别政策的作用效果。β_1 为 policy$_{it}$ 的系数，如果 β_1 为正，说明设立国家级城市群对于数字经济企业具有正向的吸引力。X_{it} 表示控制变量的集合，具体包括以下几项：政府参与经济程度（gov），用财政预算内支出和地方人均产值的比值来表示；经济发展水平（pgdp），用人均地区生产总值控制城市经济发展水平的潜在影响来表示；外商投资（fdi），用当年实际使用外资和地区生产总值的比值来表示；城市人口规模（pop），用城市人口规模的对数来表示。σ_i、δ_t 分别表示城市固定效应、时间固定效应。ξ_{it} 表示随机误差项。

构建回归方程（3-5）来检验中心城市的溢出效应。

$$\text{digit}_{it} = \beta + \beta_1 \text{centre}_{it} + X_{it} + \sigma_i + \delta_t + \xi_{it} \tag{3-5}$$

其中，centre$_{it}$ 表示第 i 个城市所在城市群的中心城市 t 年新增数字经济企业的水平，使用新增数字经济企业的数量或新增数字经济企业的平均注册资本来衡量。如果 β_1 符号为正，说明中心城市对非中心城市存在正向的空间溢出效应，中心城市在吸纳数字经济企业的同时，非中心城市也能从中获益。反之，如果 β_1 符号为负，说明中心城市对非中心城市存在"虹吸效应"。回归的样本为城市群的非中心城市，其他设定和式（3-4）相同。

3.2　城市群与全域数字经济空间分布

3.2.1　城市群的定义和概念界定

城市群一般是指在特定地域范围内，以 1 个以上特大城市为核心，以 3 个以上大城市为构成单元，依托发达的交通通信等基础设施网络所形成的空间组织紧凑、经济联系紧密、实现高度同城化和高度一体化的城市群体（Knickrehm et al.，2016）。2018 年 11 月 18 日，《中共中央 国务院关于建立更加有效的区域协调发展新机制的意见》明确指出，"建立以中心城市引领城市群发展、城市群带动区域发展新模式，推动区域板块之间融合互动发展。以北京、天津为中心引领京津冀城市群发展，带动环渤海地区协同发展。以上海为中心引领长三角城市群发展，带动长江经济带发展。以香港、澳门、广州、深圳为中心引领粤港澳大湾区建设，带动珠江－西江经济带创新绿色发展。以重庆、成都、武汉、郑州、西安等为中心，引领成渝、长江中游、中原、关中平原等城市群发展，带动相关板块融合发展"。截至 2019 年 12 月，国务院共批复了 10 个国家级城市群，分别是长江中游城市群、哈长城市群、成渝城市群、长江三角洲城市群、中原城市群、北部湾城市群、关中平原城市群、呼包鄂榆城市群、兰西城市群、粤港澳大湾区。加上未批复或无须批复的京津冀城市群、辽中南城市群、山东半岛城市群和海峡西岸城市群[①]，共计 14 个国家级城市群。从城市的分布区域看，14 个国家级城市群基本覆盖了中国东中西

---

① 在 2021 年发布的《中华人民共和国国民经济和社会发展第十四个五年规划和 2035 年远景目标纲要》中，原有海峡西岸城市群表述被替换为粤闽浙沿海城市群。

第 3 章　数字经济企业的空间分布特征

部及东北地区，具有广泛的代表性。

为进一步分析城市群内部的城市关系，将城市群城市分为中心城市和外围城市两类。中心城市为具有一定数字经济发展基础的城市，基于 2000~2019 年全国地级及以上城市工商企业注册信息，将"至少三年的新增数字经济企业在全国排名高于 5%的城市"作为数字经济发展水平较高的城市。根据上述定义方式，一个城市群可能存在一个或多个数字经济发展水平较高的城市，也有可能不存在"至少三年的新增数字经济企业在全国排名高于 5%的城市"，对于后一种情形，本节将城市群内新增数字经济企业数量最高的城市作为城市群内数字经济发展水平最高的城市。表 3-2 列出了具体的城市名单。

表 3-2　国家级城市群名单

国家级城市群	代表性城市
长江中游城市群	武汉、长沙、南昌
哈长城市群	哈尔滨、长春、吉林
成渝城市群	成都、重庆、自贡
长江三角洲城市群	上海、南京、杭州
中原城市群	郑州、洛阳、长治
北部湾城市群	南宁、北海、海口
关中平原城市群	西安、咸阳、天水
呼包鄂榆城市群	呼和浩特、包头、榆林
兰西城市群	兰州、西宁、白银
粤港澳大湾区	香港、广州、深圳
京津冀城市群	北京、天津、石家庄
辽中南城市群	沈阳、大连、鞍山
山东半岛城市群	济南、青岛、烟台
海峡西岸城市群	福州、厦门、泉州

3.2.2 新注册数字经济企业动态空间分布特征

本节根据《中共中央 国务院关于建立更加有效的区域协调发展新机制的意见》将城市划分为 15 个群组，前 14 组均属于该意见所界定的城市群范畴，第 15 组为不属于任何城市群的城市。由于近年来数字经济的发展较为迅速，为了更好地观察其发展趋势，本节将样本时间平均分为两个阶段。第一阶段为 2000～2009 年，第二阶段为 2010～2019 年。

2000～2019 年中国新注册数字经济企业 19.72 万家，其中位于城市群城市的企业有 16.45 万家，占比达到 83.4%，位于非城市群城市的企业有 3.27 万家，数量仅占 16.6%。从新注册数字经济企业数量的均值看，京津冀城市群的新注册数字经济企业数量最多，年均注册数量达 21.09 家。中原城市群的平均新注册数字经济企业数量最少，年均仅为 1.70 家。总体而言，城市群单一城市的年均进入企业为 3.94 家，远高于非城市群的 0.23 家。以每年新注册数字经济企业的平均注册资本看，山东半岛城市群新注册数字经济企业的平均注册资本最高，平均达到 574.21 万元。城市群城市的年平均进入企业的注册资本为 380.70 万元，高于非城市群城市的 251.13 万元。这说明无论是从数量上来看还是从质量上来看，城市群均为发展数字经济的主要区域。各大城市群新注册数字经济企业的基本情况见表 3-3。

表 3-3 各大城市群新注册数字经济企业的基本情况

名称	年均新注册企业数量				平均企业注册资本			
	2000～2019 年	2000～2009 年	2010～2019 年	增幅	2000～2019 年	2000～2009 年	2010～2019 年	增幅
长江中游城市群	0.530	0.332	0.725	0.481	5.768	5.717	5.825	0.102

续表

名称	年均新注册企业数量				年均企业注册资本			
	2000~2019年	2000~2009年	2010~2019年	增幅	2000~2019年	2000~2009年	2010~2019年	增幅
哈长城市群	2.151	1.736	2.541	1.237	5.940	5.882	6.013	0.123
成渝城市群	0.949	0.685	1.175	0.632	5.945	5.924	5.974	0.049
长江三角洲城市群	1.176	1.141	1.210	0.710	5.976	5.872	6.082	0.234
中原城市群	0.529	0.429	0.629	0.221	5.910	5.843	5.985	0.132
北部湾城市群	1.174	0.895	1.409	0.672	5.722	5.650	5.843	0.176
关中平原城市群	1.959	1.622	2.288	0.946	5.711	5.627	5.820	0.176
呼包鄂榆城市群	2.455	1.929	2.970	1.832	5.768	5.624	5.918	0.255
兰西城市群	1.504	1.265	1.715	0.568	5.727	5.610	6.046	0.353
粤港澳大湾区	2.030	1.943	2.113	0.185	6.004	5.618	6.412	0.548
京津冀城市群	3.049	2.783	3.309	0.692	6.264	6.177	6.354	0.162
辽中南城市群	2.267	1.969	2.571	0.826	5.973	5.914	6.033	0.112
山东半岛城市群	2.655	2.730	2.579	−0.140	6.353	6.385	6.321	−0.066
海峡西岸城市群	1.459	1.058	1.841	1.188	5.967	5.824	6.117	0.254
城市群城市	1.372	1.168	1.569	0.492	5.942	5.875	6.016	0.151
非城市群城市	−1.475	−1.596	−1.356	0.271	5.526	5.528	5.524	−0.004

注：新增企业数量和平均注册资本的数值均为对数值，表中增幅为2010~2019年相较于2000~2009年的增幅

从数字经济企业数量的变化幅度看，2010~2019年，城市群城市每年新注册数字经济企业的数量相较于2000~2009年增加了49.2%，增幅最大的为呼包鄂榆城市群，增幅达到183.2%。城市

群城市新注册数字经济企业平均企业注册资本增加了15.1%,增幅最大的为粤港澳大湾区,达到54.8%。在此期间,非城市群城市新注册数字经济企业的数量和平均注册资本的增幅仅为27.1%和−0.4%,落后于城市群城市(粤港澳大湾区、山东半岛城市群和中原城市群除外)。

一般来说,经济发展较好的城市更容易吸引数字经济企业,也更容易被纳入城市群的范围。同时,国家级城市群的批复顺序可能存在选择性。为应对潜在的内生性问题,本节对样本进行平衡性检验。一般来说,设立年份相近的城市群,具有一定程度的相似性。不失一般性地,记第 t 年批复的城市群为 l,第 $t+1$ 年批复的城市群为 m,假如城市群城市的确定会受到其数字经济发展水平的影响,那么在城市群 l 批复的前一年($t-1$ 年),城市群 l 和城市群 m 新注册数字经济企业的数量将会存在显著差异。反之,如果城市群城市范围的确立是独立于城市数字经济发展水平的,那么在城市群 l 批复的前一年($t-1$ 年),城市群 l 和城市群 m 新注册数字经济企业的数量将不会存在显著差异。表3-4报告了平衡性检验的结果,在2015~2019年,每一年先后批复的城市群在新注册数字经济企业的数量上均不显著,说明本节的研究结论不会受到潜在内生性问题的影响。

表3-4 平衡性检验

年份	实验组	对照组	差异显著性
2014	2015年设立的城市群 −0.788(0.282)	2016年设立的城市群 −0.471(0.172)	0.317(0.334)
2015	2016年设立的城市群 −0.012(0.152)	2017年设立的城市群 0.513(0.801)	0.524(0.563)
2016	2017年设立的城市群 0.432(0.976)	2018年设立的城市群 1.937(0.302)	1.506(0.757)

续表

年份	实验组	对照组	差异显著性
2017	2018 年设立的城市群 1.917（0.284）	2019 年设立的城市群 1.159（0.670）	−0.758（0.613）
2018	2019 年设立的城市群 0.373（0.854）	未批复的城市群 1.197（0.261）	0.824（0.673）

注：括号中的数字表示回归系数的标准差，差异显著性值根据原始数据计算

进一步地，本节使用回归方法证明国家级城市群建设得到肯定性批复对数字经济的快速扩张存在促进作用。本节分别以城市年均注册企业数量和平均企业注册资本为被解释变量，使用方程（3-4）进行实证检验。表 3-5 第（1）～（2）列报告的回归结果显示，policy 的系数显著为正，说明设立国家级城市群后，城市的年均注册企业数量和平均企业注册资本均实现了显著的增长。本节基于对中心城市和非中心城市的划分方法，在回归方程中加入指示变量 peri 及其与 policy 的交互项 policy×peri，进一步研究设立国家级城市群对不同类型城市的影响差异。如果城市为城市群中心城市，记 peri=0。反之，记 peri=1。表 3-5 第（3）～（4）列报告的回归结果中，policy 的系数显著为正，再次证明了设立国家级城市群对城市数字经济的发展具有显著的促进作用，提升了城市对于数字经济企业的吸引力。peri 的系数显著为负，说明非中心城市对于数字经济企业的吸引力要低于中心城市。policy×peri 的系数显著为正，说明设立国家级城市群后，非中心城市的获益相对较多。

表 3-5 设立国家级城市群对产业集中度的影响

变量	年均注册企业数量（1）	平均企业注册资本（2）	年均注册企业数量（3）	平均企业注册资本（4）
policy	1.549*** (0.060)	0.181*** (0.048)	0.494*** (0.149)	0.315*** (0.039)
peri			−0.194*** (0.017)	−0.228*** (0.017)
policy×peri			1.685*** (0.091)	0.302*** (0.024)
控制变量	是	是	是	是
时间固定效应	是	是	是	是
省份固定效应	是	是	是	是
观测值	4960	4960	4960	4960
调整后的 R^2	0.356	0.149	0.393	0.130

注：括号中的数字表示回归系数的标准差

***表示在1%的水平下显著

3.3 城市群域内数字经济空间差异

3.3.1 数字经济企业的空间收敛

泰尔指数用于刻画地区间数字经济企业的空间分布差异，本节从新注册数字经济企业数量和新注册数字经济企业平均注册资本两个维度，测算相关指标在2000～2019年的泰尔指数。2000～2019年，新注册数字经济企业数量的泰尔指数值为1.067，说明地区间的数字经济发展水平存在一定程度的差异。从动态趋势来看，泰尔指数呈现下降的趋势，说明在样本期间区域差异呈现缩小的趋势，中国区域间数字经济发展水平趋于收敛。从各大城市群的泰尔指数看，不同城市群泰尔指数的变化趋势与全国总体差异的变化趋势基本相符，且城市群的收敛速度要快于非城市群。由于城市群城市无论是新注册企业的数量还是注册资本，在全国的占比都相对较高，其变化水平接近于全国平均水平，因此城市群城市的数字经济发展差异将在很大程度上影响全国数字经济的空间格局。从贡献率方面来看，以表3-6中的2000~2019年年均注册企业数量的计算值为例，区域内差异的泰尔指数为0.979，区域间差异的泰尔指数为0.048，区域内差异的平均贡献率为95.33%，区域间差异的平均贡献率为4.67%，说明缩小地区间数字经济发展差异的主要着力点在城市群内部。

表3-6 城市群的泰尔指数

名称	年均注册企业数量 2000~2009年	年均注册企业数量 2010~2019年	年均注册企业数量 2000~2019年	平均企业注册资本 2000~2009年	平均企业注册资本 2010~2019年	平均企业注册资本 2000~2019年
总体差异	1.067	0.968	1.027	0.060	0.033	0.045
区域内差异	1.021	0.909	0.979	0.059	0.032	0.044
区域间差异	0.046	0.059	0.048	0.001	0.001	0.001
长江中游城市群	2.404	0.831	1.487	0.090	0.041	0.061
哈长城市群	0.470	1.039	0.842	0.042	0.032	0.037
成渝城市群	0.754	0.666	0.729	0.028	0.029	0.028
长江三角洲城市群	1.685	0.917	1.219	0.054	0.023	0.036
中原城市群	1.280	0.561	0.954	0.036	0.026	0.031
北部湾城市群	1.253	1.497	1.378	0.072	0.030	0.050
关中平原城市群	0.951	1.185	1.145	0.028	0.031	0.030
呼包鄂榆城市群	0.809	0.634	0.700	0.030	0.012	0.020
兰西城市群	0.230	0.158	0.230	0.007	0.002	0.004
粤港澳大湾区	0.505	0.581	0.573	0.023	0.016	0.018
京津冀城市群	0.712	0.609	0.698	0.016	0.022	0.021
辽中南城市群	0.456	0.603	0.539	0.010	0.010	0.010
山东半岛城市群	0.736	1.100	0.933	0.035	0.033	0.034
海峡西岸城市群	0.392	0.513	0.450	0.015	0.013	0.014
非城市群城市	0.964	0.863	0.959	0.055	0.034	0.044

注：本节也计算了分行业的泰尔指数，得到的结论与表3-6保持一致，这里不再赘述。

3.3.2 数字经济企业空间分布的关联效应

本节采用局部莫兰指数度量数字经济企业空间分布的局部特征。图 3-1 的结果显示，我国数字经济企业的空间分布总体呈现"低-高"集聚和"低-低"集聚区域两种类型。从莫兰指数的符号看，2000~2019 年城市群城市的莫兰指数均为正。经测算，2000~2009 年城市群城市的莫兰指数为 0.012，2010~2019 年城市群城市莫兰指数为 0.017，仅从莫兰指数的数值变化看，数字经济企业的选址行为的空间相关性逐渐增强。从 z 值 [新注册企业数量（对数值）] 的显著性看，2000~2009 年城市群城市莫兰指数的 z 值不显著，2010~2019 年城市群城市莫兰指数的 z 值显著为正，可能的原因在于，城市群的设立加强了城市间的空间联系，数字经济企业在空间上存在显著的协同选址现象。2000~2019 年非城市群城市的莫兰指数值为负，其中，2000~2009 年非城市群

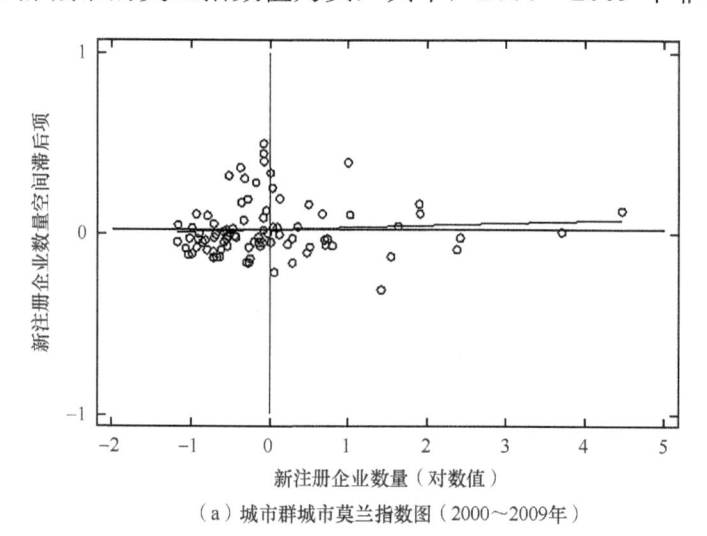

（a）城市群城市莫兰指数图（2000~2009年）

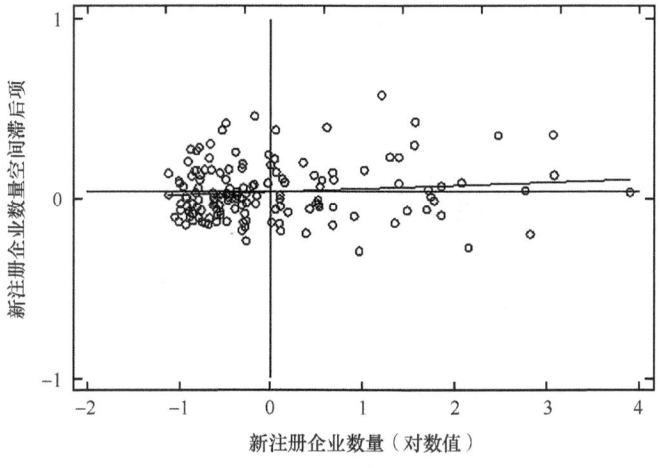

(b) 城市群城市莫兰指数图（2010~2019年）

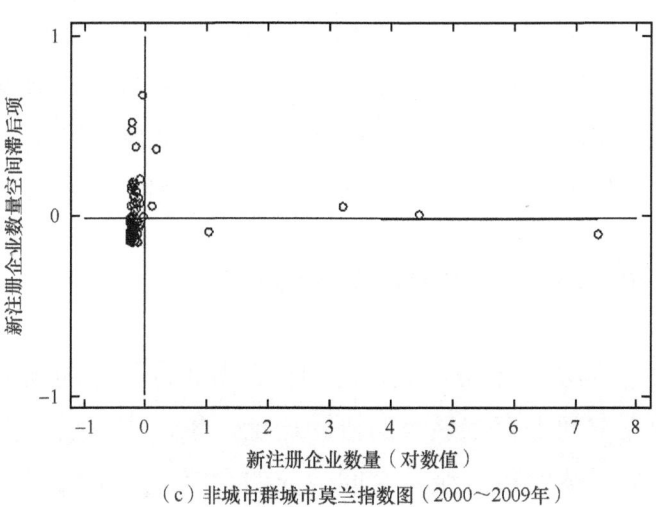

(c) 非城市群城市莫兰指数图（2000~2009年）

（d）非城市群城市莫兰指数图（2010～2019年）

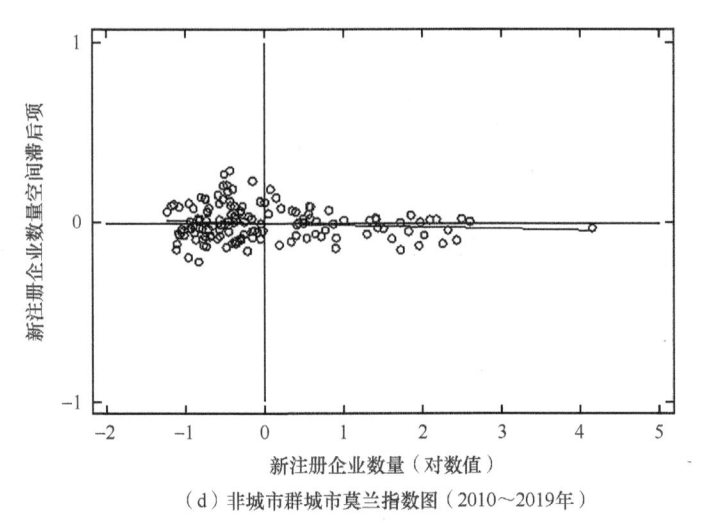

图 3-1　我国数字经济企业空间分布的莫兰指数图

城市的莫兰指数的值为–0.001，2010～2019 年非城市群城市莫兰指数的值为–0.01，可能是城市间的同质竞争导致难以实现产业错位发展，城市在吸纳数字经济企业的同时，伴随着相邻城市数字经济企业的流出。综上所述，我国数字经济企业分布在空间上呈现高度的空间相关性，在城市群内呈现正向的空间关联。

3.3.3　城市群设立与中心城市的溢出效应

3.3.2 节揭示了城市群城市之间存在着正向的空间联系，数字经济企业在空间上存在显著的协同选址现象，本节进一步探究城市群的设立对数字经济企业空间效应的影响。本节仍旧以城市数字经济企业进入数量和平均注册资本为因变量，检验中心城市数字经济发展水平对非中心城市的数字经济发展水平是否存在影响。表 3-7 第（1）～（2）列的回归结果显示，centre 的系数分别为 0.097 和 0.075，在 1%水平下显著，这说明中心城市对非中心城市存在溢出效应。进一步地，本节在回归中加入 centre 与 policy

的交互项 centre×policy，考察在得到批复后国家级城市群的中心城市对非中心城市溢出效应的变化。表 3-7 第（3）～（4）列的回归结果中，centre 的系数分别为 0.086 和 0.049，分别在 1%和 10%的水平下显著，这说明中心城市数字经济企业数量或注册资本的增加，会带动非中心城市的对应指标的上升，再次证明了中心城市对非中心城市存在显著的溢出效应。交互项 centre×policy 的系数分别为 0.021 和 0.028，在 1%的水平下显著，这说明国家级城市群的设立能够提高中心城市的溢出效应。

表 3-7　中心城市的溢出效应

变量	年均注册企业数量（1）	平均企业注册资本（2）	年均注册企业数量（3）	平均企业注册资本（4）
centre	0.097***	0.075***	0.086***	0.049*
	(0.018)	(0.018)	(0.002)	(0.030)
centre×policy			0.021***	0.028***
			(0.003)	(0.006)
控制变量	是	是	是	是
常数项	−4.202***	5.918***	−3.971***	5.544***
	(0.168)	(0.159)	(0.169)	(0.309)
时间固定效应	是	是	是	是
城市固定效应	是	是	是	是
观测值	4660	4660	4660	4660
调整后的 R^2	0.533	0.563	0.539	0.563

注：括号中的数字表示回归系数的标准差
***、*分别表示在 1%、10%的水平下显著

3.4　结论与讨论

本章从数字经济企业的选址行为与空间分布两个维度，利用

工商企业注册信息，分析中国数字经济的时空演进格局。主要结论如下。

第一，2000~2019年，中国新注册数字经济企业的数量和平均注册资本均有所提升，但是地区差异较大。从增量看，城市群城市新注册数字经济企业的数量和注册资本均高于非城市群城市，从增速看，城市群城市在样本期间保持了较高的增速，而非城市群城市新注册数字经济企业的数量和注册资本均是缓慢增长。

第二，泰尔指数的计算结果表明，数字经济企业的空间分布存在显著差异。对总体差异进行分解发现，组间差异小于组内差异，这表明城市群的内部差异是中国区域间数字经济企业分布差异的主要来源。从泰尔指数的变动情况看，泰尔指数在总体上呈现下降趋势，城市群内的下降程度要大于城市群间的下降程度，是数字经济总体空间分布差异缩小的主要来源。

第三，设立国家级城市群具有显著的政策效应，对数字经济企业的区域分布格局存在显著影响。设立国家级城市群显著提高了城市群城市新注册数字经济企业的数量和注册资本，且作用效果具有非对称性，非中心城市的受益更大。从城市间的空间联系看，中心城市对非中心城市存在正向溢出，设立国家级城市群放大了这一空间效应。

研究数字经济企业的空间分布格局演化，对于丰富与拓展数字经济相关研究，优化数字经济产业空间布局具有重要的实践价值。相较于既有文献，本章研究的创新之处主要体现在以下三个方面。一是过往研究大多使用宏观指标，本章使用微观数据刻画数字经济企业的空间分布格局，使用《统计用产品分类目录》对工商企业注册信息中的数字经济企业进行识别，构建了城市级别的面板数据，更加准确地反映了经济活动的真实情况。二是不同于过往的单一年份截面研究,本章数据的时间跨度较长,便于观察数字经济企业空间格局演变的长周期趋势,通过对泰尔指数进行分解,进一步揭示了数字经济企业空间分布收敛的主要来源。三是本章使用设立国家级城市群作为外生冲击,探究区域制度对数字经济空间格局的影响,并就城市群设立对城市间空间效应的影响进行了检验。诚然,本章研究也存在一定的不足。受限于数据的可得性,本章主要使用微观企业的注册信息数据,样本信息相对较少。因此,关于企业存续、企业经营等深层次问题,本章未能进行深入的讨论。这既是本章的不足之处,也为未来提供了研究空间和指明了研究方向。

参 考 文 献

蔡跃洲, 牛新星. 2021. 中国数字经济增加值规模测算及结构分析. 中国社会科学, (11): 4-30, 204.

程立茹. 2013. 互联网经济下企业价值网络创新研究中国工业经济, (9): 82-94.

方创琳. 2014. 中国城市群研究取得的重要进展与未来发展方向. 地理学报, 69(8): 1130-1144.

关会娟, 许宪春, 张美慧, 等. 2020. 中国数字经济产业统计分类问题研究. 统计研究, 37(12): 3-16.

国家统计局. 2021. 数字经济及其核心产业统计分类(2021). 北京: 中华人民共和国国家统计局.

黄阳华. 2023. 基于多场景的数字经济微观理论及其应用. 中国社会科学, (2): 4-24, 204.

江小涓. 2021. 数字时代的技术与文化. 中国社会科学, (8): 4-34, 204.

荆文君, 孙宝文. 2019. 数字经济促进经济高质量发展: 一个理论分析框架. 经济学家, (2): 66-73.

李海舰, 田跃新, 李文杰. 2014. 互联网思维与传统企业再造. 中国工业经济, (10): 135-146.

刘茂松, 曹虹剑. 2005. 信息经济时代产业组织模块化与垄断结构. 中国工业经济, (8): 56-64.

毛丰付, 高雨晨, 周灿. 2022. 长江经济带数字产业空间格局演化及驱动因素. 地理研究, 41(6): 1593-1609.

戚聿东, 肖旭. 2020. 数字经济时代的企业管理变革. 管理世界, 36(6): 135-152, 250.

申卫星. 2020. 论数据用益权. 中国社会科学, (11): 110-131, 207.

孙晋. 2021. 数字平台的反垄断监管. 中国社会科学, (5): 101-127, 206-207.

孙勇, 樊杰, 刘汉初, 等. 2022. 长三角地区数字技术创新时空格局及其影响因素. 经济地理, 42(2): 124-133.

肖旭, 戚聿东. 2019. 产业数字化转型的价值维度与理论逻辑. 改革, (8): 61-70.

徐维祥, 周建平, 刘程军. 2022. 数字经济发展对城市碳排放影响的空间效应. 地理研究, 41(1): 111-129.

许宪春, 张美慧. 2020. 中国数字经济规模测算研究：基于国际比较的视角. 中国工业经济, (5): 23-41.

续继, 唐琦. 2019. 数字经济与国民经济核算文献评述. 经济学动态, (10): 117-131.

杨路明, 施礼. 2021. "一带一路"数字经济产业聚集发展研究. 中国流通经济, 35(3): 54-67.

张雪玲, 焦月霞. 2017. 中国数字经济发展指数及其应用初探. 浙江社会科学, (4): 32-40, 157.

张勋, 万广华, 张佳佳, 等. 2019. 数字经济、普惠金融与包容性增长. 经济研究, 54(8): 71-86.

赵涛, 张智, 梁上坤. 2020. 数字经济、创业活跃度与高质量发展：来自中国城市的经验证据. 管理世界, 36(10): 65-76.

赵勇, 白永秀. 2012. 中国城市群功能分工测度与分析. 中国工业经济, (11): 18-30.

中国信息通信研究院. 2022. 中国数字经济发展白皮书(2022). 北京: 中国信息通信研究院.

Duranton G, Puga D. 2005. From sectoral to functional urban specialisation. Journal of Urban Economics, 57(2): 343-370.

Knickrehm M, Berthon B, Daugherty P. 2016. Digital disruption: the growth multiplier. Accenture Strategy, (1): 1-12.

Ota M, Fujita M. 1993. Communication technologies and spatial organization of multi-unit firms in metropolitan areas. Regional Science and Urban Economics, 23(6): 695-729.

Porat M U. 1977. The Information Economy: Definition and Measurement. Washington DC : U.S. Government Printing Office.

Tapscott D. 1996. The Digital Economy: Promise and Peril in the Age of Networked Intelligence. New York: McGraw-Hill.

第4章 群分效应与数字经济企业空间布局

随着数字经济逐渐成为新一轮产业革命的重要引擎和驱动经济增长的强劲动力，各地都在抢抓数字经济发展机遇，大力发展数字经济。企业是数字经济的参与主体，承载着数字经济发展与转型的重要功能，其生产区位选择关乎到城市的数字经济发展（吴非等，2021）。现有研究对数字经济企业的空间分布规律关注较少，关于数字经济的空间发展逻辑，也尚未取得一致性的结论。

本章认为数字经济的空间格局会受到数字经济企业选址行为的影响，分别从实证和理论两方面进行探索。在理论方面，本章借鉴现有异质性制造业企业选址机制的研究，提出基于注册资本规模的数字经济企业选址机制，对数字经济企业的集聚力和分散力进行探讨。在实证方面，本章以初创数字经济企业的进入行为为研究对象，利用2000~2019年工商企业注册信息，将企业的主要产品与国民经济分类中的行业代码进行匹配，识别当年新注册的数字经济企业，探究数字经济企业的选址行为与城市规模的联系。本章通过研究数字经济企业的选址机制，揭示数字经济企业的空间分布规律，为不同城市基于自身的发展基础制定更为有效的数字经济支持政策提供参考。

4.1 数字经济企业的选址逻辑

企业的选址行为是权衡收益与成本的结果（Behrens et al.，2014；余壮雄和杨扬，2014），当进入中心区域的外部性收益大于产生的边际成本时，企业会向中心集聚，反之会向外围转移（Arimoto et al.，2014；王永进和张国峰，2016）。国际贸易学、城市经济学等理论对企业的空间行为进行了探究，存在"择优"和"去劣"效应（Berry and Glaeser，2005；Baldwin and Okubo，2006），加剧了地区间的宏观经济差异。具体来说，企业在中心区域能取得额外的收益，在容量有限情况下会出现激烈的竞争。高效率企业能够更好地应对激烈的竞争，低效率企业由于无法覆盖进入中心区域的成本，向非中心城市转移。在"择优"和"去劣"效应共同作用下，最终形成高效率企业分布于中心区域，低效率企业留在非中心区域的空间格局（Forslid and Okubo，2014；Gaubert，2018）。

企业的空间选址行为源于节约交易成本的需求，中心区域具有庞大的市场需求、丰富的人力资源、健全的基础设施等有利于生产经营的因素，企业倾向于在中心城市设址生产以节约生产和交易环节的成本。新经济地理学就交通成本、生产区位和经济活动三者间的关系形成了一套完备的理论体系，关于运输成本降低到足够小时"距离已死"的问题，也展开了激烈的讨论（Cairncross，1997；Friedman，2006；Lendle et al.，2016）。诚然，信息技术的进步降低了交通成本对企业生产经营的约束（王如玉等，2018；Goldfarb and Tucker，2019；史丹，2022）。数字经济企业的空间活动并非新经济地理学所描绘的"距离已死"的场景。一方面，数字经济企业的经营业务不完全是纯数字化的虚拟业务，部分经营活动需要和实体经济结合，经营业态具有一定的地理依赖性。例如，工业互联网、数字电商都依赖于与当地实体企业进行深度合作。另一方面，数字经济企业提供的服务内容通常具有网络外部性，用户效用取决于同一商品的接入用户数量，接入用户数量受到接入成本的影响，与城市特征存在较大关联。因此，数字经济企业的生产成本与经营收益仍然会受到空间位置的影响，选址行为存在着内在逻辑，而非在空间中随机分布。

一般来说，数字经济企业选择中心区域能够获取更高的收益。首先，数字经济存在网络外部性，用户基础和流量推广是数字经济企业生产经营过程中面临的主要挑战之一，企业在市场规模较大的中心区域能够快速实现用户规模扩张、突破用户临界点（郭峰等，2023）。其次，数字产品的使用方式具有社群化的特征，中心区域在专业化与多样性、人力及信息网络等领域具有独特优势，数字经济企业在中心区域能够及时了解目标用户需求（王世强，2021），形成有利于开拓用户群体的积极因素。最后，数字经济企业面临着一定的经营风险，中心城市具有完备的支撑生态，能够提供便捷、高效、精准的支撑（Brynjolfsson and Mitchell，2017；程开明，2009），降低数字经济企业的生产成本和经营风险。

从结果上看，数字经济企业和制造业企业都倾向于选择市场规模较大的城市，但是二者背后的逻辑存在显著差异。数字经济企业的竞争不同于常见的产品价格或者产量竞争，而是基于数据积累和用户获取的竞争模式，存在"赢者通吃"现象。一方面，数字经济企业的产品、服务大多具有网络外部性，其收益在很大程度上受到接入用户数量的影响，企业如果能够快速积累用户数量，在竞争过程中通常就能够借助用户黏性实现先发优势，从而实现"赢者通吃"的规模效应。另一方面，数字企业围绕数据积累与数据要素配置展开"数据锦标赛"，一旦企业的数据规模突破需求侧报酬递增所需的"最小有效规模"，边际成本会出现断点，从而获得"赢者通吃"的成本优势（王安宇等，2002；陈琳琳等，2021）。

基于数字经济企业的上述特征，数字经济企业的注册资本将是决定数字经济企业和城市规模间匹配关系的关键因素。一方面，拥有资本雄厚的企业可以凭借补贴等手段获得更多的接入用户，凭借网络外部性进一步巩固竞争优势，进而实现市场的独占或寡占。另一方面，即使初期市场中存在较多企业，不同数字平台、数字企业间会通过"价格战"的方式进行逐底竞争，最终演变为垄断或寡头竞争的产业结构。因此，资本较多的数字经济企业会选择进入较大规模的城市，资本较少的数字经济企业会选择较小规模的城市，进而形成"规模较大的城市-注册资本较高的数字经济企业"的对应现象（王磊和伍业君，2023）。

企业规模和城市规模的匹配机制会受到企业经营成本的调节。一方面，完备的数字支撑生态能够降低数字经济企业的经营成本，在数字经济新业态的成长中发挥重要的促进作用（孙伟增等，2023）。例如，互联网基础设施的适度超前投资和升级换代，为数字企业节约了大量网络建设和运营的"重资产"投入成本。又如，地方监管部门为平台新业态的发展提供了市场准入政策，提高了数据要素的便利性和安全性，在一定程度上消除了用户对于数字经济企业及其提供的产品和服务的顾虑，降低了边际用户的接入成本。另一方面，企业的边际成本受到要素成本的影响。城市的拥挤成本会间接提升企业要素使用价格，抵消企业从城市中获取的收益。现有研究通常将房屋价格视为分散力的主要表现形式（范剑勇和邵挺，2011；刘修岩和李松林，2017），过快上涨的房屋价格会提高企业的生产成本，阻碍企业规模的扩张（安同良和杨晨，2020）。如果企业能够获得与其规模相对应的收益，规模较大的企业会进入规模较大的城市，并且能够生存下来。对于规模较小的企业，城市规模带来的收益无法覆盖要素成本，会选择在规模较小的城市从事生产。综上，数字经济企业在区位选择过程中可能存在群分效应。

数字技术与传统产业在不断融合的过程中，会改变要素禀赋条件及地理区位对企业的限制，推动数字经济企业重新选址、迁移流动与集聚而形成新的经济地理格局。数字经济企业在我国中心城市发展优势明显，呈现"中心–外围"梯度分布特征。首先，从用户获取成本的角度看，数字经济企业所提供产品、服务多具有网络外部性特征，因此需要达到临界用户规模以保证企业长期持续运营。随着城市化的不断推进，外围地区人口向中心城市集中，中心城市人口的增加便于数字经济企业以较低的成本获取接入用户，成为吸引数字经济企业的集聚力。其次，从产业内部的角度看，有别于中心城市的"独角兽"企业，外围地区的数字经济企业处于产业中下游，以模仿创新为主，大多服务于本地市场。最后，从空间溢出的角度看，知识、技术的传播成本低以及商业模式不受知识产权保护构成了数字经济企业空间分布的分散力，为近年来外围地区涌现大量数字经济企业提供了必要条件。

虽然信息和通信技术的进步降低了地区间的交易成本，但是数字经济企业的空间分布并没有出现新经济地理学描绘的"距离已死"的现象，其中主要有以下几点原因。

第一，消费互联网的部分行业存在较强的区域性。头部企业大多专注于大型城市，中小城市、城际交界等区域存在一定的市场空白，为大量区域性数字经济企业提供了发展契机。以网约车为例，滴滴出行、曹操出行等企业，前期布局集中于北京、上海等大型城市，而河南省的城际网约车市场则被河南的本土企业哈哈出行占据。

第二，相较于消费互联网领域，工业互联网领域的地域性更强，确保了当地龙头企业的发展空间。例如，美的工业互联网、海尔卡奥斯等细分领域的工业互联网企业均位于非直辖市、非省会城市。

第三，从数字经济企业的商业模式看，数字经济企业在初创阶段主要采用线上传播+线下推广的扩张模式，除去提供视听、咨询等纯无形产品、服务的企业，大部分线上线下商务（online to offline，O2O）模式的数字经济企业，尽管可以通过各类网络营销实现其线上服务的快速扩张，但是线下服务仍受制于实体空间第三方服务的制约。例如，美团、货拉拉等企业，其线下实体空间业务均按城市、区域分步推进，而非在全国铺开。

4.2 研究设定和数据来源

根据前文的理论分析，设定回归方程（4-1）：
$$pop_{c,t} = \beta_0 + \beta_1 cap_{i,t} + \beta_2 X_{c,t} + \mu_c + \nu_t + \zeta_{c,t} \qquad (4-1)$$

其中，$pop_{c,t}$表示被解释变量，为城市 c 在 t 年的人口规模；$cap_{i,t}$表示核心解释变量，为企业 i 在 t 年的注册资本；$X_{c,t}$表示控制变量的集合，为城市级别的控制变量，具体包括城市所在省区市第三产业增加值占地区生产总值的比重（ter）、政府预算内支出占地区生产总值的比重（gov）、外商直接投资占地区生产总值的比重（fdi）、固定资产投资占地区生产总值的比重（inv）；μ_c表示省份固定效应；ν_t表示时间固定效应；$\zeta_{c,t}$表示随机扰动项。

本节借鉴"无条件分布特征–参数对应"方法，验证大城市的优势来源。假定 λ_i 和 λ_j 分别表示大城市、小城市企业的注册资本分布，分布 λ_i 中任意一点均可通过线性转换为分布 λ_j。则大城市在 u 处的分位数可以表示为

$$\lambda_i(u) = D\lambda_j\left(S+(1-S)u\right) + A, \quad u \in \left\{\max\left[0, \frac{-S}{1-S}\right], \min\left[0, 1-\frac{-S}{1-S}\right]\right\} \tag{4-2}$$

将式（4-2）转化为可估计的表达式：

$$m_\theta(u) = \lambda_i(r(u)) - D\lambda_j(S+(1-S)u) + A, \quad u \in [0,1] \tag{4-3}$$

同理，小城市在 u 处的分位数可以表示为

$$\lambda_j(u) = \frac{1}{D}\lambda_i\left(\frac{u}{1-S}\right) - \frac{A}{D}, \quad u \in \left\{\max[0, 1-S], \min[1-S, 1]\right\} \tag{4-4}$$

$$m'_\theta(u) = \lambda_j\left(r'(u)\right) - \frac{1}{D}\lambda_i\left(\frac{r'(u)-S}{1-S}\right) + \frac{A}{D}, \quad u \in [0,1] \tag{4-5}$$

将 $m_\theta(u)$ 与 $m'_\theta(u)$ 的平方和最小化，即估计参数 $\theta = (A, D, S)$ 使得 $M(\theta)$ 最小。

$$M(\theta) = \int_0^1 [m_\theta(u)]^2 \mathrm{d}u + \int_0^1 [m'_\theta(u)]^2 \mathrm{d}u \tag{4-6}$$

其中，u 表示注册资本分布的分位点；A 用于衡量大城市注册资本分布相对于小城市的平移和伸缩，$A>0$ 代表大城市的企业分布曲线发生了向右平移，表明存在资本的扩张效应；D 表示城市间企业注册资本分布的标准差之比，$D>1$ 代表大城市企业分布曲线发生了拉伸，意味着较高注册资本的企业在大城市受益更大；S 表示企业分布的左截数，$S>0$ 代表大城市企业分布左截尾更明显，低注册资本企业的比例较低。

城市规模以各城市常住人口对数值衡量，数据来自 2000~2019 年的《中国城市统计年鉴》。取对数后得到被解释变量城市人口规模（pop）。企业数据来自工商企业注册信息（2000~2019 年），将企业的经营范围与《统计用产品分类目录》进行匹配，识别得到每年新注册的数字经济企业。得到新注册数字经济企业的注册

资本，取对数后为解释变量企业注册资本（cap）。回归中控制城市所在省区市第三产业占地区生产总值的比重（ter），用于控制城市的产业结构；政府预算内支出占地区生产总值的比重（gov），用于控制政府对经济的干预程度；固定资产投资占地区生产总值的比重（inv），用来控制城市经济增长的构成；外商直接投资占地区生产总值的比重（fdi），用于控制对外开放程度的影响，数据均源于相应年份的《中国城市统计年鉴》。

数字经济的发展基础会影响地区的互联网产业的发展水平，从互联网发展和数字普惠金融两方面构建数字经济的测度指标体系。其中，互联网发展的指标包括互联网宽带接入用户数、计算机服务和软件业从业人员占城镇从业人员比重、电信业务总量、移动电话用户数。数字普惠金融指数由北京大学数字金融研究中心和蚂蚁集团技术研究院共同编制。以上5个指标通过主成分分析法进行降维处理，得到数字经济综合发展指数（digit）。工商企业注册信息未报告企业实际经营情况，因此无法使用企业实际发放工资作为衡量劳动要素成本的变量。人力资本成本的代理变量以城市房屋价格（hou）表示，主要基于如下考虑：劳动者工资受到房屋价格的影响，当城市的房屋价格上涨时，劳动者也会相应地上调自身的工资需求。更重要的是，在土地供给有限的情况下，人口规模的增加会引起房价的上升。这也意味着，企业在享受城市规模带来的好处的同时，也会因劳动要素成本的上升付出相应的成本。

样本时间跨度为1994~2019年，剔除缺失关键变量的观测值后，覆盖我国228个地级及以上城市，359 195家企业。变量描述性统计结果如表4-1所示，各企业的注册资本范围在2.302到7.321之间，均值为5.459，标准差为3.048，表明不同企业的注册资本差异较大，有必要就异质性数字经济企业的选址问题展开具体研究。

城市人口规模的均值为 5.720，最大值为 8.137，最小值 1.077，标准差为 0.795，这说明城市的人口规模存在较大差异，不同城市在发展数字经济产业时必须要结合自身的实际情况发布支持政策。其余各变量的分布均处于合理范围，此处不再赘述。

表 4-1　变量描述性统计结果

变量名	样本量	均值	标准差	最小值	最大值
cap	359 195	5.459	3.048	2.302	7.321
pop	7 410	5.720	0.795	1.077	8.137
digit	7 410	2.389	1.897	0.023	18.205
hou	7 410	2.781	3.261	2.173	54.132
ter	7 410	36.830	10.466	8.500	83.500
gov	7 410	19.095	18.833	2.499	159.267
inv	7 410	5.974	42.414	0.253	3 563.468
fdi	7 410	0.552	20.217	0	1 733.127

4.3　群分效应与数字经济企业的空间选址

表 4-2 报告了新注册企业注册资本对注册所在地城市人口规模的回归结果。第（1）列的回归结果中，企业注册资本的系数为 0.043，在 1% 的水平下显著。第（2）列在第（1）列的基础上加入城市层面的控制变量，企业注册资本估计系数的符号和显著性保持不变。表 4-2 第（1）～（2）列的回归结果表明，注册资本较高的数字经济企业倾向于选址规模较大的城市从事生产经营活动。随后，将解释变量替换为新增数字经济企业注册资本的百分位数，企业的注册资本越高，其百分位数值越接近于 1。第（3）～（4）列报告了替换解释变量衡量方式后的回归结果，企业注册资本的系数均为正，且在 1% 的水平下显著。这再次说明注册资本更高的数字经济企业，在生产区位上更倾向于选择规模较大的城市。

表 4-2　城市规模与异质性数字经济企业选址

变量	（1）	（2）	（3）	（4）
cap	0.043***	0.056***	0.051***	0.050***
	(0.004)	(0.003)	(0.003)	(0.003)
ter		0.043***		0.051***
		(0.012)		(0.005)
gov		−0.006		−0.010***
		(0.006)		(0.003)
inv		−0.004		−0.006
		(0.006)		(0.005)
fdi		0.009		0.013
		(0.012)		(0.011)
digit		−5.873		−2.027
		(5.151)		(1.710)
常数项	2.274***	2.827***	2.129***	2.163***
	(0.032)	(0.060)	(0.096)	(0.137)
时间固定效应	是	是	是	是
城市固定效应	是	是	是	是
观测值	359 195	359 195	359 195	359 195
调整后的 R^2	0.099	0.114	0.116	0.167

注：括号中的数字表示回归系数的标准差

***表示在1%的水平下显著

本节发现数字经济企业注册资本和所进入城市规模间存在正相关关系，这一结论可能存在其他的解释。本节通过更多的计量分析来排除其他的解释，与本节之前提出的数字经济选址机制进行比较。

第一，排除极端值影响。本节采用右缩尾的方法去除可能存在的极端值的影响。采用右缩尾而不是两头缩尾的原因在于，数字经济企业分布具有右拖尾特征，头部数字经济企业的企业规模远超于其他数字经济企业。本节去除右侧1%的样本后，重新使用方程（4-1）进行回归。表4-3第（1）列报告了使用缩尾后样本的回归结果，新增数字经济企业注册资本的回归系数为0.055，在10%的水平下显著，说明在控制头部数字经济企业影响后，数字经济企业注册资本与城市人口规模间的正向关联仍然显著存在。

表 4-3　稳健性检验

变量	（1）	（2）	（3）
cap	0.055*	0.032***	0.037***
	（0.031）	（0.009）	（0.011）
ter	0.022***	0.026***	0.021***
	（0.001）	（0.002）	（0.002）
gov	−0.008***	−0.016***	−0.009***
	（0.001）	（0.001）	（0.001）
inv	−0.003*	−0.002	−0.003*
	（0.001）	（0.002）	（0.001）
fdi	0.006*	0.004	0.005*
	（0.003）	（0.003）	（0.003）
digit	0.156**	1.026***	−0.031
	（0.063）	（0.274）	（0.077）
常数项	2.236***	2.803***	2.096***
	（0.033）	（0.039）	（0.009）
时间固定效应	是	是	是
城市固定效应	是	是	是
观测值	352 011	294 257	242 836
调整后的 R^2	0.115	0.116	0.116

注：括号中的数字表示回归系数的标准差
***、*分别表示在1%、10%的水平下显著

第二，排除行政级别影响。高行政级别的城市可能会凭借资源配置的便利，通过补贴、税收等手段，形成对数字经济企业的吸引

力。为了排除城市行政级别的影响，本节对样本进行了小幅调整，剔除了直辖市、省会城市和计划单列市的观测值，重新使用方程（4-1）进行回归。表4-3第（2）列报告了缩小样本范围后的回归结果，新增数字经济企业注册资本的回归系数为0.032，由于表4-3第（2）列的样本城市均为普通地级市，说明在不存在行政级别影响时，数字经济企业注册资本与城市人口规模间的正向关联仍然显著存在。

第三，排除对外开放影响。对外开放有助于引进外部的资本和技术，也方便企业和外界进行沟通与交流，由此形成对数字经济企业的吸引力。表4-3第（3）列报告了删除沿海城市样本后的回归结果，新增数字经济企业注册资本的回归系数为0.037，数字经济企业注册资本与城市人口规模间的正向关联仍然显著存在。

本节使用无条件分布函数识别数字经济企业选址过程中可能存在的门槛效应和投资扩张效应。本节根据样本期间城市的人口规模将城市划分为大城市和小城市两个组别，人口规模高于全样本中位数被归入大城市组，人口规模低于全样本中位数被归入小城市组。表4-4报告了全行业以及分行业下的非参数方法的估计结果。从整体看，参数S均位于0附近，且大于0。通过观察参数S的标准差不难发现，参数S的估计值均在1%的水平下显著，这一结果说明大城市存在进入门槛，会淘汰资本规模较小的企业。参数A的系数为正，在1%的水平下显著，这说明在人口规模较大的城市，企业的注册资本存在显著向右横移的现象。参数D的系数大于1，在1%的水平下显著，这说明注册资本较高的企业在大城市中的获益更大。从分行业的结果看，数字经济细分行业的系数估计值呈现高度的一致性，这说明大部分数字经济企业都会受到门槛效应和投资扩张效应的影响。

表 4-4 机制识别

行业	S	D	A	R^2
全行业	0.010***	1.085***	0.417***	0.925
	（0.001）	（0.001）	（0.003）	
数字基础设施	0.011***	1.138***	0.438***	0.944
	（0.001）	（0.001）	（0.002）	
数字化交易	0.012***	1.002***	0.485***	0.958
	（0.000）	（0.001）	（0.002）	
数字化媒体	0.011***	1.026***	0.432***	0.934
	（0.001）	（0.000）	（0.003）	
数字经济交易产品	0.009***	1.056***	0.356***	0.919
	（0.001）	（0.001）	（0.002）	

注：括号中的数字表示回归系数的标准差
***表示在1%的水平下显著

本节的理论研究部分指出，数字经济企业在选址机制上与传统制造业企业存在差异。本节利用数字经济企业的全要素生产率（total factor productivity，TFP），使用无条件分布函数的估计方法，估计以生产率为机制的数字经济企业选址决策中，是否存在门槛效应或是投资扩张效应。表 4-5 报告了参数估计的结果，无论是全行业还是分行业的估计结果中，参数 S 的系数估计值大多在 0 的右侧，结合标准差不难发现，参数 S 的系数估计值均未通过 10%的显著性检验，这说明城市规模在数字经济企业的选址过程中，对企业的 TFP 不存在门槛效应。参数 A 的估计值为正，但是未通过 10%的显著性检验，这说明城市规模在数字经济企业的选址过程中，对企业的 TFP 不存在投资扩张效应。结合上述结果，可以认为本节强调的数字经济企业基于注册资本规模的选址机制有别于基于 TFP 的机制。

表 4-5 基于 TFP 的检验结果

行业	S	D	A	R^2
全行业	0.001	0.906***	0.284	0.371
	(0.001)	(0.011)	(0.371)	
数字基础设施	0.001	0.943***	0.299	0.437
	(0.001)	(0.012)	(0.499)	
数字化交易	0.000	0.928***	0.249	0.381
	(0.001)	(0.007)	(0.152)	
数字化媒体	0.001	0.896***	0.198	0.448
	(0.001)	(0.005)	(0.141)	
数字经济交易产品	0.001	0.937***	0.315	0.317
	(0.001)	(0.010)	(0.228)	

注：本章将工商企业注册信息中数字经济企业的名称与《中国工业企业数据库》进行匹配，进而计算得到数字经济企业的 TFP。由于《中国工业企业数据库》的样本区间为 1998~2015 年，故本表的样本期间同样为 1998~2015 年

***表示在 1%的水平下显著

本节进一步讨论数字经济企业选址时的集聚力和分散力，基于前文理论分析对城市的房屋价格进行了分组。由于不同城市包含的数字经济企业数量相差较大，从几家企业到几万家企业不等，直接根据城市个数平均分组会导致不同组之间的企业数量相差太大，有些组的样本太少，不足以计算对应的分位点。为此，本节首先将企业进入的城市按照其房屋价格高低进行排序，随后将排序后的企业平均分为 5 组，尽可能保证每一组都有一定的企业数量，且各组之间企业数量相对均衡。其次，将每个组的城市按照其人口规模分为大城市和小城市两组。表 4-6 报告了不同房价城市两两比对得到的测算结果，表 4-6 左侧括号中的数字表示不同城市房价所处的百分位。从整体看，参数 S 的取值基本停留在 0 处或附近，说明不同房价组别的城市均存在显著的门槛效应。参数 S 的绝对值随着房屋价格的上升而增加，城市对企业的注册资本的

门槛效应会随着房屋价格的上涨而加大。A 和 D 参数估计值的变化幅度对房屋价格变化不敏感,说明房屋价格主要对门槛效应产生影响,但是不会对企业的预期盈利产生影响。

表 4-6 要素成本的调节效应

组别	S	D	A	R^2
(0,0.2]	0.009***	1.126***	0.423***	0.265
	(0.001)	(0.023)	(0.048)	
(0.2,0.4]	0.010***	1.013***	0.415***	0.606
	(0.000)	(0.011)	(0.052)	
(0.4,0.6]	0.011***	1.104***	0.432***	0.778
	(0.000)	(0.010)	(0.034)	
(0.6,0.8]	0.012***	1.078***	0.356***	0.439
	(0.003)	(0.067)	(0.072)	
(0.8,1]	0.015***	1.007***	0.402***	0.507
	(0.000)	(0.020)	(0.064)	

注:括号中的数字表示回归系数的标准差
***表示在1%的水平下显著

本节使用同样的方法,将企业所在城市的数字经济发展指数按照从高到低进行排序,以此对企业进行分组,在此基础上探究数字经济发展基础对企业选址行为的影响。表 4-7 报告了不同组别城市两两对比得到的测算结果,从整体看,参数 S 的符号和表 4-4 的结果保持一致,这说明不同数字经济发展水平的城市均存在显著的门槛效应。但是,参数 S 系数的绝对值不会随着城市数字经济发展水平的提升而产生有规律的变化。参数 A 的系数估计值显著为正,同样不随城市数字经济发展水平的变化而产生规律性的变化。上述结果表明,城市的数字经济发展水平不会对门槛效应和投资扩张效应产生显著的影响。然而,参数 D 的系数显著为正,说明随着数字经济发展水平的上升,异质性企业间预期盈利的差距也在不断缩小，有更多的数字经济企业能够从大城市中获益。

表 4-7 数字经济发展水平的调节效应

组别	S	D	A	R^2
(0,0.2]	0.012***	1.136***	0.388***	0.625
	(0.004)	(0.023)	(0.067)	
(0.2,0.4]	0.013***	1.125***	0.274***	0.708
	(0.005)	(0.012)	(0.048)	
(0.4,0.6]	0.010***	1.117***	0.262***	0.826
	(0.001)	(0.011)	(0.055)	
(0.6,0.8]	0.011***	1.089***	0.314***	0.954
	(0.002)	(0.010)	(0.027)	
(0.8,1]	0.010***	1.036***	0.286***	0.638
	(0.003)	(0.018)	(0.073)	

注：括号中的数字表示回归系数的标准差
***表示在 1% 的水平下显著

4.4 本章小结

本章利用 2000～2019 年工商企业注册信息与城市面板数据进行匹配，使用线性回归和无条件分布函数等方法，实证考察数字经济企业的注册资本与企业选址行为的联系。研究发现：①注册资本较高的企业倾向于进入规模较大的城市，该结论在进行一系列稳健性检验后仍然成立。②数字经济企业在选址过程中存在投资扩张效应和门槛效应，前者提升了进入企业的注册资本，后者淘汰了注册资本相对较低的企业。③城市的数字经济发展水平和房屋价格会对企业的选址行为存在调节作用，数字经济发展水平降低了企业的边际成本，降低了进入大城市的数字经济企业注册资本的离散程度。房屋价格增加了企业的用工成本，提高了大城市数字经济企业的进入门槛。

本章的研究有利于全面了解数字经济企业空间的分布特征，进一步揭示区域数字经济发展差异的内在成因。研究结论能够为数字经济计划的实施提供有针对性的对策建议，对于提升数字经济企业发展水平、增强地区竞争力、推动经济转型升级和高质量发展，具有重要的现实意义。

首先，加强数字基础设施建设，提高互联网、数据中心、云计算平台等设施的完善程度，降低数字经济企业的运营成本，以吸引更多的数字经济企业入驻。建立良好的数字营商环境，为数字经济企业及其潜在用户提供制度保障和政策支持。

其次，保障人才要素供给，人才是数字技术转化为数字产出的关键，需要重视人力资本在数字经济发展过程中的关键作用，为数字人才提供对应的扶持政策，培养和吸引更多的技术人才，降低企业的要素成本。

最后，数字经济发展并非一蹴而就的，城市在制定数字经济产业发展战略和政策时，要结合自身的城市规模和经济发展情况，避免出现盲目的引资竞争，确保数字经济企业发展与产业形态保持在相匹配的范围内，防止超前引资对数字经济产业发展产生的负面效应。

参 考 文 献

安同良, 杨晨. 2020. 互联网重塑中国经济地理格局：微观机制与宏观效应. 经济研究, 55(2): 4-19.

蔡跃洲, 牛新星. 2021.中国数字经济增加值规模测算及结构分析. 中国社会科学, (11): 4-30, 204.

陈琳琳, 夏杰长, 刘诚. 2021. 数字经济市场化监管与公平竞争秩序的构建. 改革, (7): 44-53.

陈晓红, 李杨扬, 宋丽洁, 等. 2022. 数字经济理论体系与研究展望. 管理世界, 38(2): 208-224, 13-16.

程开明. 2009. 城市化、技术创新与经济增长：基于创新中介效应的实证研究. 统计研究, 26(5): 40-46.

范剑勇, 邵挺. 2011. 房价水平、差异化产品区位分布与城市体系. 经济研究, 46(2): 87-99.

郭峰, 熊云军, 石庆玲, 等. 2023. 数字经济与行政边界地区经济发展再考察：来自卫星灯光数据的证据. 管理世界, 39(4): 16-33.

黄阳华. 2023. 基于多场景的数字经济微观理论及其应用. 中国社会科学, (2): 4-24, 204.

江小涓. 2021. 数字时代的技术与文化. 中国社会科学, (8): 4-34, 204.

江玉国. 2020. 工业企业"智造"转型的动力机制研究. 科研管理, 41(2): 104-114.

李研. 2021. 中国数字经济产出效率的地区差异及动态演变. 数量经济技术经济研究, 38(2): 60-77.

刘修岩, 李松林. 2017. 房价、迁移摩擦与中国城市的规模分布：理论模型与结构式估计. 经济研究, 52(7): 65-78.

刘洋, 董久钰, 魏江. 2020. 数字创新管理：理论框架与未来研究. 管理世界, 36(7): 198-217, 219.

戚聿东, 肖旭. 2020. 数字经济时代的企业管理变革. 管理世界, 36(6): 135-152, 250.

史丹. 2022. 数字经济条件下产业发展趋势的演变. 中国工业经济, (11): 26-42.

孙伟增, 毛宁, 兰峰, 等. 2023. 政策赋能、数字生态与企业数字化转型：基于国家大数据综合试验区的准自然实验. 中国工业经济, (9): 117-135.

佟家栋, 刘竹青. 2018. 房价上涨、建筑业扩张与中国制造业的用工问题. 经济研究, 53(7): 59-74.

王安宇, 赵明, 司春林. 2002. 网络产业中的"赢者通吃"现象探析：兼评某网站终止免费邮件服务举措的后果. 经济管理, (14): 91-96.

王磊, 伍业君. 2023. 数字市场竞争状况评估指标体系：理论框架及构建设想. 经济纵横, (10): 108-121.

王如玉, 梁琦, 李广乾. 2018. 虚拟集聚：新一代信息技术与实体经济深度融合的空间组织新形态. 管理世界, 34(2): 13-21.

王世强. 2021. 数字经济中的反垄断: 企业行为与政府监管. 经济学家, (4): 91-101.

王永进, 张国峰. 2016. 开发区生产率优势的来源: 集聚效应还是选择效应?. 经济研究, 51(7): 58-71.

吴非, 胡慧芷, 林慧妍, 等. 2021. 企业数字化转型与资本市场表现: 来自股票流动性的经验证据. 管理世界, 37(7): 130-144.

肖兴志, 王伊攀. 2014. 政府补贴与企业社会资本投资决策: 来自战略性新兴产业的经验证据. 中国工业经济, (9): 148-160.

许宪春, 张美慧. 2020. 中国数字经济规模测算研究: 基于国际比较的视角. 中国工业经济, (5): 23-41.

续继, 唐琦. 2019. 数字经济与国民经济核算文献评述. 经济学动态, (10): 117-131.

余壮雄, 杨扬. 2014. 大城市的生产率优势: 集聚与选择. 世界经济, 37(10): 31-51.

张勋, 万广华, 张佳佳, 等. 2019. 数字经济、普惠金融与包容性增长. 经济研究, 54(8): 71-86.

赵涛, 张智, 梁上坤. 2020. 数字经济、创业活跃度与高质量发展: 来自中国城市的经验证据. 管理世界, 36(10): 65-76.

Arimoto Y, Nakajima K, Okazaki T. 2014. Sources of productivity improvement in industrial clusters: the case of the prewar Japanese silk-reeling industry. Regional Science and Urban Economics, 46: 27-41.

Baldwin R E, Okubo T. 2006. Heterogeneous firms, agglomeration and economic geography: spatial selection and sorting. Journal of Economic Geography, 6(3): 323-346.

Behrens K, Duranton G, Robert-Nicoud F. 2014. Productive cities: sorting, selection, and agglomeration. Journal of Political Economy, 122(3): 507-553.

Berry C R, Glaeser E L. 2005. The divergence of human capital levels across cities. Papers in Regional Science, 84(3): 407-444.

Brynjolfsson E, Mitchell T. 2017. What can machine learning do? Workforce implications. Science, 358(6370): 1530-1534.

Cairncross F. 1997. The Death of Distance: How the Communications

Revolution Will Change Our Lives. Cambridge: Harvard University Press.

Combes P P, Duranton G, Gobillon L, et al. 2012. The productivity advantages of large cities: distinguishing agglomeration from firm selection. Econometrica, 80(6): 2543-2594.

Forslid R, Okubo T. 2014. Spatial sorting with heterogeneous firms and heterogeneous sectors. Regional Science and Urban Economics, 46: 42-56.

Friedman T L. 2006. The World Is Flat: A Brief History of the Twenty-First Century. New York: Farrar, Straus, and Giroux.

Gaubert C. 2018. Firm sorting and agglomeration. American Economic Review, 108 (11): 3117-3153.

Goldfarb A, Tucker C. 2019. Digital economics. Journal of Economic Literature, 57(1): 3-43.

Lendle A, Olarreaga M, Schropp S, et al. 2016. There goes gravity: eBay and the death of distance. The Economic Journal, 126(591): 406-441.

第5章 城市群建设与区域数字经济格局变迁

早期，我国的数字经济企业大多分布于中心城市。随着数字技术持续迭代，数字经济企业的空间分布逐渐打破了传统的空间束缚，呈现由中心城市向非中心城市、高层级城市向低层级城市扩张的态势。数字经济企业空间分布格局的变迁与城市群的设立和发展存在较强的联系，城市群的设立强化了区域层面的统筹协调，防止地区间的低效竞争。

本章在梳理现有研究城市群文献的基础上，提出城市群的设立会通过市场借用和功能借用两大机制，提升城市群城市的数字经济水平。本章对城市群相关的政策文本进行梳理，使用国家级城市群建设得到国务院批复的时间作为外生冲击的节点，结合本章构建的城市层面新注册数字经济企业的面板数据，使用双重差分方法检验城市群设立与数字经济企业空间分布间的联系，使用平衡性检验、平行趋势检验等计量经济学方法，检验结论的稳健性。在此基础上，通过构建表示中心城市市场规模和数字经济支撑生态的指标，检验市场借用机制和功能借用机制。

5.1 市场借用与功能借用

城市群是城市的空间组织形式，在特定地域范围内，依托发达的交通通信等基础设施网络所形成的空间组织紧凑、经济联系紧密、高度一体化的城市群体。城市群在基础设施互联互通的基础上，畅通城市间的劳动、资金、信息、中间品等要素流动，通过城际分工形成复杂多元的经济系统。得益于城市间经济联系的强化，外部性的作用范围开始突破传统的距离限制，不再局限于传统意义上的地理邻近，而是在整个城市群内发生（Dobkins and Ioannides，2001）。2019 年，《国家发展改革委关于培育发展现代化都市圈的指导意见》（简称《指导意见》）明确提出，"以促进中心城市与周边城市（镇）同城化发展为方向，以创新体制机制为抓手，以推动统一市场建设、基础设施一体高效、公共服务共建共享、产业专业化分工协作、生态环境共保共治、城乡融合发展为重点，培育发展一批现代化都市圈，形成区域竞争新优势"。《指导意见》为城市群建设提供了制度基础，相较于国外自发形成的城市群，《指导意见》强调了基础设施一体化和公共服务共建共享，为发展相对滞后的外围地区提供了新的契机。

关于设立城市群的经济效应，现有研究主要从地区生产效率、城市规模、公共事务治理等多个维度入手，证明城市群加强了城市间的联系，促进了区域协调发展。现有文献主要关注城市群对产业集群的影响，主要包括城市群与城际产业分工（Duranton and Puga，2005；谭锐，2020）、城市群的产业时空特征（Cooke and Ehret，2009；刘树峰等，2018）和城市群的产业集聚（魏后凯，2007；Drucker and Feser，2012）[1]。具体来说，城市群对产业空间结构

---

[1] 第一类代表性研究如下：李兰冰和刘秉镰（2015）指出，研发、制造与服务的分离是城市群产业分工的重要特征；马燕坤和张雪领（2018）认为，随着城市群成熟度的提升，产业分工将由产业水平分工向功能分工跃迁。第二类代表性研究如下：Billings 和 Johnson（2016）、陈露等（2020）分别基于产业共聚指数探讨了中美城市群的产业共聚水平及演化路径；罗奎等（2020）、刘汉初等（2020）分别揭示了京津冀、珠三角两大城市群的制造业集疏与空间重构进程。第三类研究关注城市群建设的正向效益，包括经济增长效益（陈雁云等，2016）、区域协调效益（孙久文等，2017）、创新溢出效益（王书华，2015；谢露露，2019）等。

的影响主要通过以下三条机制实现。

第一，贸易和投资机制。城市群的设立使得位于城市群的企业能够以较低的交易成本与周边地区的经济主体进行互动，有利于企业更大限度地获取周边城市经济活动的外部性，如城市群推动了市场的一体化，进而提升了企业的预期收益；又如城市群降低了地区间的行政壁垒，使得成员城市更容易接收中心城市的技术外溢（陈建军等，2019）。例如，Murphy（2006）研究欧盟扩大的经济、政治、体制和区域影响，发现欧盟扩大有助于消除新进入城市和原有城市之间的贸易与投资壁垒，通过降低两个城市之间的交易成本来改善市场接近度，进而增加该地区的贸易和投资流量。许多学者对这场风暴进行研究还发现，扩张促进了该地区贸易和投资的创造（Redding and Sturm 2008；Tzeremes and Halkos，2009；Baas and Brücker，2010）。

第二，要素流动机制。城市群的设立能降低内部的交易成本，促进要素的价值实现，从而促进地区间的要素流动。例如，Braakmann 和 Vogel（2010）的研究结果表明，城市群的设立为高素质人才提供了跨地区的就业机会，且对外围地区的商业发展和工资的影响尤其明显。又如，Brakman 等（2012）、Elsner（2013）和 Ivlevs（2013）的研究表明，城市群的设立有助于外围地区降低交易成本和创造市场机会，从而促进外围地区的人口和经济增长。

第三，分工优化机制。根据横向分工理论，在抽象的空间中存在一到两个中心城市，若干个中小城市，城市间存在紧密的联系。基于 Duranton 和 Puga（2005）关于城市的工业多样化和专业化的研究，上述城市会通过工业部门分工实现区域平衡。根据垂直分工理论，中心城市会形成若干个重要的工业场所，为生产和供应链的不同组成部分提供独特的生活空间、生产要素和经济生态系统，成为工业合作网络的中心，形成积极的正反馈效应（魏后凯，2013）。

因此，在开放的城市系统内，本地市场规模不再是产业发展的唯一决定因素，中小城市可以通过嵌入城市群网络，在共享大城市高等级的公共服务、借用大城市的集聚经济的同时，避免自身规模过大可能带来的负外部性影响。这种现象被称为借用规模（Alonso，1973；方创琳，2014）。早期"规模借用"更多被视为大城市的溢出效应（Groenewold et al.，2010）。许多经验研究文献也讨论城市规模在生产率提升中扮演的角色，围绕"小城市的高生产率与快速增长"现象，提出了区域网络外部性的概念，从外部性的角度解释市场借用机制。

随着数字技术的广泛应用与深度拓展，经济活动的空间范围得以扩大，城市的市场需求与经济功能逐渐突破城市边际的束缚。数字经济时代，在单一城市内部"闭门造车"式的经营模式显然不足以适应多变的市场环境，企业存在向外搜寻技术、寻求合作、开拓市场的需求。在空间距离给定的情形下，城市间的关联直接决定了城市获取要素、资源的能力。在城市群内部，不仅相邻城市之间可以通过借用规模获得快速发展机会，不相邻的城市群成员间也可以通过彼此的政治联系实现市场借用和功能借用。

（1）市场借用。对于数字经济企业而言，市场规模不仅意味着运输成本的节省，更重要的是，庞大的市场规模有助于数字经济企业降低潜在客户的接入成本。因此，在市场规模较大的城市，数字经济企业更容易吸纳更多的用户，发挥网络外部性的优势，从而实现正向的反馈效应。

（2）功能借用。中心城市具有完善的金融、法律、公共服务体系，集聚大量的创新资源和科技人才，能够为数字经济企业运营和传统企业数字化转型提供关键支撑。在城市空间位置给定的情形下，城市间经济联系的紧密程度将会影响辖区内企业在技术、要素和需求方面的可获得性。城市间经济联系的紧密程度会受到地区间制度性成本的影响，当地区间存在较强的行政壁垒时，数字经济企业跨区域的外向性合作与市场经营活动会受到阻碍。反之，当地区间的行政壁垒弱化时，企业在得到相邻地区技术、服务资源的同时也获得了更大的潜在市场，在提升预期收益的同时降低了技术研发和设备投入的沉没成本，为数字经济企业发展提供更为强大的助力。

5.2 城市群建设与数字经济企业区域收敛

5.2.1 研究设计

本节使用渐进双重差分法，探究国家级城市群建设对数字经济企业空间分布格局的影响。回归方程设定如式（5-1）所示：

$$\text{digit}_{it} = \beta_0 + \beta_1 \text{policy}_{it} + \beta_2 X_{it} + u_i + v_t + \zeta_{it} \quad (5\text{-}1)$$

其中，被解释变量 digit_{it} 表示城市 i 在 t 年新注册数字经济企业的数量或平均注册资本；policy_{it} 表示城市 i 所在的城市群在第 t 年是否获得国务院批复，如果得到批复，policy_{it} 取值为 1，反之 policy_{it} 取值为 0；β_1 表示国家级城市群建设对城市新注册数字经济企业的影响，是本节重点关注的对象；X_{it} 表示控制变量的集合，具体包括城市人口规模（pop）、城市地区生产总值（pgdp），对外开放水平（fdi）、固定资产投资占比（inv）、房地产资产投资占比（est）、基础设施建设水平（inf）、政府对经济活动的干预程度（gov）、政府收入占 GDP 比重（bud）、每万人在校大学生数量（edu）、辖区面积（area），数据来源于对应年份的城市统计年鉴；u_i 表示城市固定效应；v_t 表示时间固定效应；ζ_{it} 表示随机扰动项，回归的标准误聚类到城市层面。

样本的时间跨度为 2010~2019 年，覆盖全国 236 个地级及以上城市，具有较好的代表性。本节剔除了存在极端值和缺失关键变量的样本，最终得到 224 个地级及以上城市的观测值。表 5-1 展示了样本的描述性统计结果。

表 5-1 描述性统计

变量	观测值	平均值	标准差	最小值	最大值
pop	2648	5.842	0.784	−3.219	8.136
pgdp	2648	10.690	0.568	8.842	13.060
fdi	2648	0.002	0.002	0.001	0.029
inv	2648	0.786	0.277	0.087	2.197
est	2648	0.083	0.055	0.001	0.715
gov	2648	0.206	0.140	0.043	2.349
bud	2648	0.077	0.026	0.023	0.239
edu	2648	0.199	222.200	1.900	1.294
area	2648	17.629	26.298	13.000	407.276

5.2.2 基准回归

表 5-2 第（1）列报告的回归结果中，policy 系数为正且在 1% 的水平下显著，说明设立国家级城市群显著提升了成员城市新注册数字经济企业的数量。第（2）~（4）列依次加入了表征城市经济发展基本特征和数字经济发展基础的变量，policy 的系数符号

和显著性均未发生显著变化,这再次支持了第(1)列得到的结论。控制变量的回归结果基本符合预期,以第(4)列为例,pop 的系数显著为正,这可能是因为规模较大的城市能够提供更多的数字应用场景,创造更多的需求。pgdp 的系数不显著,可能因为城市的数字经济发展基础与城市经济发展水平有关,在控制了城市的数字经济发展基础后,地方经济水平对数字经济企业的进入决策不再具有显著影响。bud 的回归系数为正,在 1% 的水平下显著,这可能是因为财政收益较好的城市能够在招商引资的过程中提供更多补助。inv 的回归系数为负,可能是因为投资具有挤出效应,新注册数字经济企业的数量会随着投资占比的提升而下降。fdi 的系数显著为正,一个可能的解释是,对外开放程度较高的城市更容易吸纳外部的先进技术。

表 5-2　城市群建设对数字经济发展水平的影响

变量	(1)	(2)	(3)	(4)
policy	0.004***	0.002***	0.002***	0.002***
	(0.000)	(0.000)	(0.000)	(0.000)
pop		0.003***	0.002***	0.002***
		(0.000)	(0.000)	(0.000)
pgdp		0.004***	0.002***	0.001
		(0.000)	(0.001)	(0.001)
gov			−0.001	−0.002
			(0.001)	(0.001)
bud			0.054***	0.046***
			(0.015)	(0.015)

续表

变量	（1）	（2）	（3）	（4）
inv			−0.002*	−0.002*
			(0.001)	(0.001)
fdi			0.151*	0.153*
			(0.084)	(0.084)
house			−0.000	−0.000
			(0.003)	(0.003)
edu			0.007***	0.006***
			(0.002)	(0.002)
area			−0.000	0.000
			(0.000)	(0.000)
常数项	0.004***	−0.056***	−0.039***	−0.022***
	(0.002)	(0.005)	(0.007)	(0.009)
时间固定效应	是	是	是	是
城市固定效应	是	是	是	是
观测值	2648	2648	2648	2648
调整后的 R^2	0.112	0.193	0.259	0.268

注：括号中的数字表示回归系数的标准差

***、*分别表示在 1%、10%的水平下显著

双重差分模型要求政策实施之前实验组和控制组满足平行趋势条件[①]。为进一步分析设立国家级城市群在不同年份的经济效应，本节使用回归方程（5-2）将政策的动态趋势进行分解。

---

① 平行趋势检验是一种为评估两变量数据之间是否会存在某种同幅度增减情况的相关关系检验方法。在使用双重拆分模型进行实证分析之前，需要进行平行趋势检验。如果变量通过了平行趋势检验，方能构建双重拆分模型进行实证分析。

$$y_{it} = \beta_0 + \beta_1 \text{policy} \sum \delta_\tau D_{t+\tau} + \beta_2 X + u_i + v_t + \zeta_{it} \qquad (5\text{-}2)$$

其中，在 $t=0$、$t>0$ 和 $t<0$ 时，分别记 $D_{t+\tau}$ 为 current、post 和 pre。current 表示国家级城市群得到批复当年的政策效应。地区 i 在受到政策影响的当年，current 取值为 1，否则为 0；post 表示国家级城市群获得批复之后各年份的政策效应，受到政策改革影响后的第 t 年 post_t 取值为 1，否则为 0。同理，pre 表示设立国家级城市群之前各年份的经济效应，赋值方式同上。

表 5-3 展示了平行趋势及动态效应检验分析的结果，设立国家级城市群在得到批复前的一系列变量均不显著，说明本节使用的双重差分模型满足平行趋势假设，实验组和控制组在国家级城市群得到批复之前不存在明显的差异。观察不同时期的估计系数不难发现，从国家级城市群得到批复当年持续到政策发生后的第 4 年，系数始终为正且显著，这说明设立国家级城市群对成员城市的影响是长期存在的，而非短期政策带动得到的结果。

表 5-3　平行趋势及动态效应检验

变量	num (1)	cap (2)	num (3)	cap (4)
pre_3_and_more	0.001	0.000	0.001	0.000
	(0.001)	(0.000)	(0.001)	(0.000)
pre_2	0.001	0.000	0.001	0.000
	(0.001)	(0.000)	(0.001)	(0.000)
current	0.001*	0.000**	0.001*	0.000**
	(0.001)	(0.000)	(0.001)	(0.000)
post_1	0.001*	0.001**	0.001*	0.001**
	(0.001)	(0.000)	(0.001)	(0.000)
post_2	0.002**	0.001***	0.002**	0.001***
	(0.001)	(0.000)	(0.001)	(0.000)

续表

变量	num (1)	cap (2)	num (3)	cap (4)
post_3	0.003***	0.001***	0.003***	0.001***
	(0.001)	(0.000)	(0.001)	(0.000)
post_4_and_more	0.003***	0.001***	0.003***	0.001***
	(0.001)	(0.000)	(0.001)	(0.000)
常数项	−0.023***	−0.007***	−0.023***	−0.007***
	(0.008)	(0.002)	(0.008)	(0.002)
控制变量	是	是	是	是
时间固定效应	是	是	是	是
城市固定效应	是	是	是	是
观测值	2648	2648	2648	2648
调整后的 R^2	0.266	0.299	0.266	0.299

注：括号中的数字表示回归系数的标准差

***、**和*分别表示在1%、5%和10%的水平下显著

5.2.3 异质性分析

5.2.2 节证实了设立国家级城市群显著提升了成员城市的数字经济发展水平，一个自然的问题是，设立国家级城市群的促进作用是否存在对称性。本节通过在回归中加入交互项的方式，研究设立国家级城市群对不同类型城市数字经济发展水平的影响。本节将城市群城市分为中心城市和非中心城市两组，设立指示变量 peri，如果城市为非中心城市，记 peri=1，反之记 peri=0。本节在回归中加入 peri 以及其与 policy 的交互项 policy×peri，观察不同类型城市所受影响的差异。表 5-4 报告的回归结果中，policy 的系数显著为正，这再次支持了前面的结论。peri 的系数为负，在 1%

的水平下显著,说明非中心城市在吸引数字经济企业入驻、投资中存在明显的劣势。policy×peri 的系数为正,在 1% 的水平下显著,说明城市群设立的政策效应具有异质性,非中心城市获益相对更多。对比 peri 和 policy×peri 的回归系数,前者的回归系数的绝对值远大于后者,说明城市群设立只能在一定程度上缩小地区间数字经济的发展差异,无法逆转中心城市对非中心城市的优势。

表 5-4 设立国家级城市群对不同类型城市的影响

变量	数量 (1)	注册资本 (2)
policy	0.181*** (0.014)	0.544*** (0.054)
peri	−0.894*** (0.217)	−4.178*** (0.817)
policy×peri	0.116*** (0.037)	0.599*** (0.138)
常数项	1.726*** (0.176)	−0.266 (0.664)
时间固定效应	是	是
城市固定效应	是	是
观测值	2648	2648
调整后的 R^2	0.443	0.298

注:括号中的数字表示回归系数的标准差

***表示在 1% 的水平下显著

5.3 机制分析

5.3.1 规模借用机制

本节从市场规模的角度,验证国家级城市群的设立对数字经济企业空间选址行为的影响。从需求市场的角度出发,进一步探究国家级城市群的设立对企业数字化转型意愿的影响。如果存在借用市场规模的机制，通过提升企业的市场收益预期，增加企业的数字化转型意愿。因此本节在式（5-1）的基础上，在回归方程中加入了表征中心城市市场规模占全部城市群成员地区生产总值比重的变量 MA 及其与核心解释变量 policy 的交互项。本节的核心研究思路如下，如果市场需求增加提升了企业市场收益的预期，那么中心市场的规模越大，在国家级城市群得到批复后，企业加入城市群获取的市场份额收益就越大，其预期收益提升的幅度也就越大，即中心城市的市场规模越大，设立国家级城市群后，中心城市数字化转型的意愿就越强。

在表 5-5 第（1）～（2）列的结果中，policy 的系数显著为正。从企业数量的角度看，国家级城市群建设能够吸引数字经济企业的设立；从平均注册资本的角度看，城市群成员城市更能吸引更大规模的数字经济企业入驻。policy 与 MA 交互项的系数显著为正，说明设立城市群的效果会随着中心城市市场规模的扩大而增加。原因在于城市群的设立促进了区域市场的整合，外围城市能够更好地享受中心城市市场规模带来的收益。随后，本节将交互项由中心城市的市场规模替换为外围城市的市场规模。本节对外围城市的市场规模进行排序，如果外围城市的市场规模在城市群内处于后 20%，记 peri=1，反之 peri=0。第（3）～（4）列的回归结果中，peri 的系数显著为负，说明对于市场规模较小的城市而言，新注册数字经济企业的数量相对较少，平均注册资本也相对较小。但是 policy×peri 的系数显著为正，说明对于市场规模较小的城市来说，城市群的建设带来的促进效果更加明显，外围地区的小城市可以通过"借用"中心城市市场规模的方式，吸引更多的数字经济企业入驻。本节将交互项中的中心城市的市场规模替换为外围城市到中心城市的最短距离。第（5）～（6）列的回归结果中，policy×dis 的系数不显著，这说明"规模借用"机制不会随着地理距离的上升而衰减。可能的原因在于，数字经济受制于物理交通成本的影响相对较小，而没有体现出传统制造业企业存在的"距离衰减效应"。

表5-5 规模借用与数字经济企业空间布局

变量	num (1)	cap (2)	num (3)	cap (4)	num (5)	cap (6)
policy	0.117*** (0.015)	0.360*** (0.055)	0.147*** (0.013)	0.485*** (0.050)	0.181*** (0.014)	0.544*** (0.054)
ter	0.016*** (0.001)	0.049*** (0.004)	0.008*** (0.001)	0.023*** (0.004)	0.017*** (0.001)	0.053*** (0.004)
gov	−0.003*** (0.001)	−0.011*** (0.002)	−0.003*** (0.001)	−0.011*** (0.002)	−0.003*** (0.001)	−0.011*** (0.002)
inv	−0.003** (0.001)	−0.006 (0.005)	−0.003* (0.001)	−0.003 (0.005)	−0.003** (0.001)	−0.006 (0.005)
fdi	0.007*** (0.003)	0.013 (0.011)	0.006** (0.003)	0.007 (0.010)	0.008*** (0.003)	0.014 (0.011)
MA	−2.343*** (0.181)	−7.658*** (0.683)				
policy×MA	0.416*** (0.030)	1.363*** (0.113)				
peri			−0.894*** (0.217)	−4.178*** (0.817)		
policy×peri			0.116*** (0.037)	0.599*** (0.138)		
dis					0.220 (0.414)	2.718*** (0.374)
policy×dis					0.009 (0.008)	−0.425 (0.330)
常数项	1.637*** (0.173)	−0.720 (0.652)	1.592*** (0.168)	−0.611 (0.641)	1.726*** (0.176)	−0.266 (0.664)
时间固定效应	是	是	是	是	是	是

续表

变量	num (1)	cap (2)	num (3)	cap (4)	num (5)	cap (6)
城市固定效应	是	是	是	是	是	是
观测值	7410	7410	7410	7410	7410	7410
调整后的 R^2	0.452	0.307	0.493	0.344	0.443	0.298

注：括号中的数字表示回归系数的标准差

***、**和*分别表示在1%、5%和10%的水平下显著

5.3.2 功能借用机制

本节从供给市场的角度出发，探究国家级城市群的设立从减少企业获取所需资源与服务成本的角度影响外围地区企业空间布局的作用机制。在回归中分别加入中心城市金融存贷款业务占城市群金融存贷款业务的比重（fin）、中心城市专利申请数量占城市群专利申请数量的比重（pat）和中心城市大学生数量占城市群大学生数量的比重（hum）与 policy 的交互项，从金融、专利、人才等角度对功能借用这一机制进行检验。表 5-6 报告了国家级城市群获得批复对外围地区数字经济企业选址的回归结果，回归中本节重点关注 fin、pat、hum 与 policy 交互项系数及其显著性。

表 5-6 功能借用与数字经济企业空间布局

变量	（1）	（2）	（3）
policy	0.173**	0.825***	0.931***
	(0.070)	(0.199)	(0.065)
policy×fin	0.480***		
	(0.044)		
policy×pat		0.561***	
		(0.140)	

续表

变量	(1)	(2)	(3)
policy×hum			−0.247
			(0.243)
second	−0.314***	−0.449***	−0.507***
	(0.025)	(0.030)	(0.035)
third	0.012***	0.098***	0.135***
	(0.004)	(0.013)	(0.016)
popu_dens	−0.229***	−0.035*	−0.230***
	(0.002)	(0.020)	(0.002)
population	0.000***	0.000**	0.000***
	(0.000)	(0.000)	(0.000)
inv	−0.004***	0.012***	−0.001
	(0.001)	(0.001)	(0.001)
gov	0.265***	0.223***	0.264***
	(0.008)	(0.008)	(0.008)
bud	−0.072***	−0.046***	−0.070***
	(0.005)	(0.005)	(0.005)
lat	−2.363***	−2.872***	−2.440***
	(0.335)	(0.332)	(0.336)
lon	−0.195***	−0.121***	−0.198***
	(0.022)	(0.022)	(0.022)
area	0.751***	0.696***	0.752***
	(0.067)	(0.066)	(0.067)
常数项	−1.565***	−1.331***	−2.114***
	(0.115)	(0.315)	(0.108)
时间固定效应	是	是	是
城市固定效应	是	是	是
产业固定效应	是	是	是
观测值	12 464	12 464	12 464
调整后的 R^2	0.243	0.236	0.252

注：括号中的数字表示回归系数的标准差

***、**和*分别表示在1%、5%和10%的水平下显著

第（1）～（3）列的回归结果中，policy 的系数均显著为正，说明设立国家级城市群有助于外围地区吸纳更多的数字经济企业。第（1）列的结果中，policy×fin 的系数显著为正，说明中心城市的金融功能越强，数字经济企业选址的意愿越强。第（2）列的结果中，policy 和 policy×pat 的系数均显著为正，表示中心城市的科技实力越强，越有利于外围地区吸纳更多的数字经济企业。第（3）列的结果中，policy 的系数显著为正，但是 policy×hum 的系数不显著，说明国家级城市群的设立，不会从人才的渠道提升数字经济企业在外围地区的选址意愿。

5.4 本 章 小 结

本章以设立国家级城市群为外生冲击，以 2010～2019 年全国 236 座城市数字经济的相关指标为研究对象，使用双重差分法研究城市群设立对全国数字经济空间格局的影响。主要结论如下。

第一，国家级城市群建设得到批复后，成员城市数字经济企业的设立数量与注册资本均出现了显著上升。进行平行趋势检验后，结论仍然成立。非对称检验的结果发现，城市群建设促进了数字经济企业涌入非中心城市，但是不会消除中心城市和非中心城市数字经济企业数量与平均规模的差异。

第二，城市群的设立会从需求和供给两个维度对成员城市的数字经济发展产生影响。从需求角度看，城市群的设立促进了成员城市间的市场整合，地区间制度性壁垒的下降提升了企业的潜在收益，使得更多的企业涌入成员城市。从供给角度看，城市群的设立能够降低外围地区企业获取数字经济相关支撑服务的成本，提升成员城市对数字经济企业的吸引力。

第三，不同城市的数字经济发展基础存在较大差异，中心城市不仅具有市场规模的优势，还拥有完备的数字经济支撑生态。由于数字经济具有网络外部性、要素边际成本递减等特征，数字经济发展基础的差异会导致数字经济的发展差距，进而加剧区域间经济发展的不均衡态势。

本章的研究结果缓解了关于中心城市"虹吸效应"的担忧，加强城市间的联系可以弱化中心城市的"虹吸效应"，有助于预防新的"数字鸿沟"的出现。本章的研究能够为制定更为精准有效的数字经济政策提供以下启发。

第一，在制定区域性的数字经济发展政策、规划时，着力点应由行政区经济向城市群经济转变，进一步打通城市间的行政壁垒、提升区域市场整合度，有效推动区域内的数字经济一体化发展，提高区域的竞争力和发展潜力。

第二，充分发挥中心城市带动作用，为外围城市提供数字生态合作平台，强化城市群之间的联动，充分发挥数字技术特点，在更大的范围内实现市场借用、规模借用，构建高质量发展的空间体系。

第三，加快构建与数字经济相匹配的城市群产业协调机制，重视城市群内部以强带弱的衔接和过渡。在避免重复建设的基础上，鼓励非中心城市与中心城市形成差异化发展，促进城市间的功能互补，强化非中心城市在数字经济发展中的位置。

参 考 文 献

陈建军, 陈怀锦, 刘实, 等. 2019. 区域一体化背景下的长三角大湾区研究：基于国内外比较的视角. 治理研究, 35(1): 37-44.

陈露, 刘修岩, 叶信岳, 等. 2020. 城市群视角下的产业共聚与产业空间治理：机器学习算法的测度. 中国工业经济, (5): 99-117.

陈雁云, 朱丽萌, 习明明. 2016. 产业集群和城市群的耦合与经济增长的关系. 经济地理, 36(10): 117-122, 144.

崔蓉, 李国锋. 2021. 中国互联网发展水平的地区差距及动态演进: 2006—2018. 数量经济技术经济研究, 38(5): 3-20.

方创琳. 2014. 中国城市群研究取得的重要进展与未来发展方向. 地理学报, 69(8): 1130-1144.

郭家堂, 骆品亮. 2016. 互联网对中国全要素生产率有促进作用吗?. 管理世界, (10): 34-49.

韩先锋, 宋文飞, 李勃昕. 2019. 互联网能成为中国区域创新效率提升的新动能吗. 中国工业经济, (7): 119-136.

黄群慧, 余泳泽, 张松林. 2019. 互联网发展与制造业生产率提升: 内在机制与中国经验. 中国工业经济, (8): 5-23.

蒋琪, 王标悦, 张辉, 等. 2018. 互联网使用对中国居民个人收入的影响: 基于CFPS面板数据的经验研究. 劳动经济研究, 6(5): 121-143.

李兰冰, 刘秉镰. 2015. 中国区域经济增长绩效、源泉与演化: 基于要素分解视角. 经济研究, 50(8):58-72.

刘汉初, 樊杰, 张海朋, 等. 2020. 珠三角城市群制造业集疏与产业空间格局变动.地理科学进展, 39(2): 195-206.

刘婧, 甄峰, 张姗琪, 等. 2022. 新一代信息技术企业空间分布特征及影响因素: 以南京市中心城区为例. 经济地理, 42(2): 114-123, 211.

刘树峰, 杜德斌, 覃雄合, 等. 2018. 中国沿海三大城市群企业创新时空格局与影响因素. 经济地理, 38(12): 111-118.

罗奎, 李广东, 劳昕. 2020. 京津冀城市群产业空间重构与优化调控. 地理科学进展, 39(2): 179-194.

马燕坤, 张雪领. 2018. 从国际产业分工到城市群城市功能分工的文献述评. 区域经济评论, (6): 92-98.

沈国兵, 袁征宇. 2020. 企业互联网化对中国企业创新及出口的影响. 经济研究, 55(1): 33-48.

宋林, 何洋. 2020. 互联网使用对中国农村劳动力就业选择的影响. 中国人口科学, (3): 61-74, 127.

孙久文, 张可云, 安虎森, 等. 2017. "建立更加有效的区域协调发展新机制"笔谈. 中国工业经济, (11): 26-61.

谭锐. 2020. 湾区城市群产业分工: 一个比较研究. 中国软科学, (11): 87-99.

王节祥, 杨洋, 邱毅, 等. 2021. 身份差异化: 垂直互联网平台企业成长战略研究. 中国工业经济, (9): 174-192.

王书华. 2015. 京津冀协同创新的突出问题. 高科技与产业化, (8): 24-29.

魏后凯. 2007. 大都市区新型产业分工与冲突管理: 基于产业链分工的视角. 中国工业经济, (2): 28-34.

魏后凯. 2013. 构建面向城市群的新型产业分工格局. 区域经济评论, (2): 41-43.

谢露露. 2019. 产业集聚和创新激励提升了区域创新效率吗: 来自长三角城市群的经验研究. 经济学家, (8): 102-112.

谢敏, 赵红岩, 朱娜娜, 等. 2017. 宁波市软件产业空间格局演化及其区位选择. 经济地理, 37(4): 127-134, 148.

杨凡, 杜德斌, 段德忠, 等. 2017. 城市内部研发密集型制造业的空间分布与区位选择模式: 以北京、上海为例. 地理科学, 37(4): 492-501.

岳云嵩, 李兵. 2018. 电子商务平台应用与中国制造业企业出口绩效: 基于"阿里巴巴"大数据的经验研究. 中国工业经济, (8): 97-115.

左鹏飞, 姜奇平, 陈静. 2020. 互联网发展、城镇化与我国产业结构转型升级. 数量经济技术经济研究, 37(7): 71-91.

Alonso W. 1973. Urban zero population growth. Daedalus, 102(4): 191-206.

Baas T, Brücker H. 2010. Macroeconomic impact of Eastern enlargement on Germany and UK: evidence from a CGE model. Applied Economics Letters, 17(2):125-128.

Billings S B, Johnson E B. 2016. Agglomeration within an urban area. Journal of Urban Economics, 91: 13-25.

Braakmann N, Vogel A. 2010. The impact of the 2004 EU enlargement on the performance of service enterprises in Germany's eastern border region. Review of World Economics, (1): 75-89.

Brakman S, Garretsen H, van Marrewijk C, et al. 2012. The border population effects of EU integration. Journal of Regional Science, 52(1):40-59.

Cooke P, Ehret O. 2009. Proximity and procurement: a study of agglomeration in the Welsh aerospace industry. European Planning Studies, 17(4): 549-567.

Dobkins L, Ioannides Y. 2001. Spatial interactions among U.S. cities:

1900–1990. Regional Science and Urban Economics, 31(6): 701-731.

Drucker J, Feser E. 2012. Regional industrial structure and agglomeration economies: an analysis of productivity in three manufacturing industries. Regional Science and Urban Economics, 42: 1-14.

Duranton G, Puga D. 2005. From sectoral to functional urban specialization. Journal of Urban Economics, 57(2): 343-370.

Elsner B. 2013. Does emigration benefit the stayers? Evidence from EU enlargement. Journal of Population Economics, 26(2): 531-553.

Groenewold N, Guoping L, Anping C. 2010. Regional output spillovers in China: estimates from a VAR model. Papers in Regional Science, 86(1): 101-122.

Ivlevs A. 2013. Minorities on the move? Assessing post-enlargement emigration intentions of Latvia's Russian speaking minority. Annals of Regional Science, 51(1): 33-52.

Krugman P. 1991. Increasing returns and economic geography. Journal of Political Economy, 99(3): 483-499.

Murphy A. 2006. The May 2004 enlargement of the European Union: view from two years out. Eurasian Geography & Economics, 47(6): 635-646.

Rachmawati R, Rijanta R, Djunaedi A. 2015. Location decentralization due to the use of information and communication technology: empirical evidence from Yogyakarta, Indonesia. Human Geographies, 9(1): 5-15.

Redding S J, Sturm D M. 2008. The costs of remoteness: evidence from German division and reunification. American Economic Review, 98(5): 1766-1797.

Song Z Y, Liu W D. 2013. The challenge of wide application of information and communication technologies to traditional location theory. Journal of Geographical Sciences, 23(2): 315-330.

Tu X J, Wang M Z, Sun K, et al. 2016. China Internet industry state analysis and prosperity indexes. China Communications, 13(10): 245-252.

Tzeremes N, Halkos G. 2009. Economic efficiency and growth in the EU enlargement. Journal of Policy Modeling, 31(6): 847-862.

第6章 总结和展望

我国区域间数字经济发展水平差距较大,尽管区域差异总体呈现收敛趋势,但是不同区域、不同群体间的数字经济发展差异仍然保持在较高水平,数字鸿沟尚未得到有效弥合。本书从理论和实证两个方面刻画了中国数字经济的空间分布格局,对其演进机制进行了探究。首先,本书对数字经济及其相关概念进行了界定,使用微观数据构建城市层面的面板数据,借此刻画我国数字经济企业的空间分布情况。其次,本书结合数字经济的市场特征,提出数字经济企业的空间选址机制,使用微观企业注册数据证明本书的论点。最后,本书提出城市群通过市场借用和功能借用两大机制影响数字经济企业的空间格局,以国家级城市群的设立作为自然实验,解释数字经济企业空间差异收敛的原因。

6.1 研究结论

(1)数字经济企业的资产规模与其注册所在地的城市规模存在正向匹配关系,规模较大的企业倾向于进入规模较大的城市。本书利用2000~2019年工商企业注册信息,使用线性回归和无条件分布函数等方法,发现数字经济企业的选址机制与制造业企业存在显著差异。数字经济企业的选址决策不由TFP决定,而是受企业注册资本的影响,注册资本较高的企业倾向于进入规模较大的城市。城市规模对数字经济企业的选址行为存在投资扩张效应和投资门槛效应,前者会提高企业的营收预期,进而提升企业的资本投资额度；后者会提高企业的竞争激烈程度，将注册资本较低的企业淘汰出市场。数字经济企业的选址决策还会受到城市的数字经济支撑生态和平均房屋价格的调节作用，完备的数字经济支撑生态能够降低企业运营的边际成本，提升新注册数字经济企业的预期利润，反之，较高的房屋价格会增加企业的用工成本，提高规模较大城市的进入门槛。

（2）从新注册数字经济企业的数量和注册资本看，城市群城市在数量上和增速上均高于非城市群城市，但是中国数字经济企业的空间分布差异总体上呈现收敛态势，主要源于城市群内部差异的缩小。2000~2019年，中国新注册数字经济企业的数量和平均注册资本均有所提升，但是区域间存在较大的差异。从增量看，城市群城市新注册数字经济企业的数量和注册资本均高于非城市群城市。从增速看，城市群城市在样本期间保持较高增速，而非城市群城市则是缓慢增长。泰尔指数结果表明，数字经济企业分布存在显著的空间非均衡性，将泰尔指数分解为组内和组间差异，前者表示城市群内部差异，后者表示城市群和非城市群的差异，发现组内差异的下降幅度要大于组间差异，说明数字经济区域差异收敛主要源自城市群内部数字经济企业空间分布差异的缩小。

（3）设立国家级城市群通过市场借用和功能借用两大机制，放大中心城市对非中心城市的溢出效应，从而实现区域内部数字经济发展差异的收敛。国家级城市群得到国务院批复后，显著提升了城市群城市新注册数字经济企业的数量与注册资本，且非中心城市获益更多。从需求和供给的角度进行机制检验，对市场借用和功能借用两大机制进行了验证。从需求角度看，城市群建设推动了市场整合，提升数字经济企业的预期收益，吸引更多的企业和资本，是为市场借用机制。从供给角度看，城市群建设促进了技术、人才、资本等要素流通，降低外围地区数字经济企业生产运营的边际成本，是为功能借用机制。

6.2 研究展望

本书基于城市经济学、产业经济学、经济地理学等理论，利用企业微观数据，刻画数字经济企业的空间分布，研究数字经济企业的空间选址机制，对数字经济区域发展不平衡的问题做了有益探索。尽管本书得到了较为丰富的研究结论，但是囿于数据可得性，仍然存在一些不足之处，这也是未来研究的重点方向，主要包括如下几个方面。

（1）研究内容需进一步丰富。目前关于数字经济的统计数据以宏观数据为主，微观数据相对较少。囿于数据可得性，本书的微观数据主要源于工商企业注册信息，利用企业的注册地信息，构建"产业-城市"维度的面板数据。需要指出的是，工商企业注册信息中的样本信息相对较少，在数字经济企业经营绩效方面，尚且缺乏翔实的数据作为支撑。在未来的研究中，可以围绕企业经营方面的指标对现有数据进行完善，对企业存续、市场竞争、企业效率等问题进行深入的探索。

（2）研究内容需进一步拓展。本书重点从数字经济企业的空间分布和选址决策两个维度进行了讨论，除本书的研究对象外，企业数字化转型、数实融合、数字产业集群等多项内容值得探究。囿于统计数据不够完善，上述问题的相关研究主要停留在理论层面。虽然有研究使用投入产出表对中国数字经济的增加值进行了精确的计算，但是投入产出表的时间间隔长达五年，不能及时捕捉数字经济日新月异的发展。并且，投入产出表主要刻画省级层面的研究，未能触及城市维度的问题。本书为后续研究提供了一个可参考的框架,在数据可得的情况下,可以通过对微观数据进行加总,刻画不同城市数字经济的产值和增加值。使用设立国家级城市群外生冲击,探究城市间联系影响城市数字经济发展水平的作用机制,寻求缩小数字经济区域发展差异的现实路径。

(3)数字经济企业的选址机制有待进一步细化。本书关注数字经济企业的空间分布,采用数字经济企业注册资本和城市规模作为"企业-城市"的空间匹配机制,在此基础上讨论数字经济企业空间分布的集聚力和分散力,研究结果在一定程度上解释了数字经济企业空间分布不均衡的原因。但是,正如历经多次迭代的制造业企业选址机制,数字经济企业选址机制的理论研究有待进一步完善。在未来的研究中,可以关注数字经济企业和制造业企业的协同选址、数字经济企业的集聚外部性(分别为马歇尔外部性和雅各布斯外部性)、经济政策与数字经济企业选址决策等问题,进一步完善数字经济企业选址机制的研究。

附　　录

附表1　2020年数字经济百强企业城市分布情况

城市	数字经济发展基础排名	人均地区生产总值排名
上海	1	8
深圳	2	6
北京	3	3
成都	4	51
杭州	5	11
广州	6	13
无锡	7	2
宁波	8	15
重庆	9	67
武汉	10	17
南京	11	5
苏州	12	7
天津	13	37
郑州	14	39
佛山	15	26
合肥	16	31
福州	17	23
青岛	18	21
东莞	19	44
厦门	20	20
贵阳	21	75
大连	22	41

续表

城市	数字经济发展基础排名	人均地区生产总值排名
长沙	23	22
石家庄	24	129
西安	25	63
沈阳	26	73
济南	27	29
南通	28	19
绵阳	29	87
金华	30	90
珠海	31	10
烟台	32	30
温州	33	78
泉州	34	25
镇江	35	16
常州	36	9
嘉兴	37	36
呼和浩特	38	56
昆明	39	60
太原	40	66
南昌	41	43
兰州	42	92
扬州	43	14
绍兴	44	27
台州	45	61
惠州	46	84
泰州	47	24
潍坊	48	105
哈尔滨	49	122
中山	50	80

续表

城市	数字经济发展基础排名	人均地区生产总值排名
盐城	51	47
乌鲁木齐	52	54
南宁	53	121
咸阳	54	119
银川	55	55
江门	56	91
淄博	57	68
连云港	58	81
漳州	59	46
芜湖	60	34
海口	61	101
长春	62	69
滨州	63	100
徐州	64	59
西宁	65	123
宜昌	66	32
东营	67	12
铜陵	68	72
湖州	69	40
包头	70	35
威海	71	33
邯郸	72	180
洛阳	73	74
临沂	74	160
开封	75	142
唐山	76	42
湛江	77	152
宿迁	78	95

续表

城市	数字经济发展基础排名	人均地区生产总值排名
遵义	79	116
廊坊	80	109
汕头	81	138
济宁	82	126
沧州	83	136
菏泽	84	176
周口	85	189
榆林	86	28
大庆	87	52
拉萨	88	217
柳州	89	70
桂林	90	167
秦皇岛	91	124
许昌	92	64
常德	93	82
焦作	94	110
襄阳	95	53
邢台	96	201
岳阳	97	65
德州	98	120
赣州	99	171
南阳	100	174
齐齐哈尔	101	212
马鞍山	102	38
北海	103	58
衡阳	104	130
鄂尔多斯	105	4
宝鸡	106	89

续表

城市	数字经济发展基础排名	人均地区生产总值排名
泰安	107	137
九江	108	83
茂名	109	128
牡丹江	110	198
衡水	111	187
株洲	112	62
肇庆	113	117
平顶山	114	140
鞍山	115	132
保定	116	197
张家口	117	179
德阳	118	88
滁州	119	71
蚌埠	120	103
玉溪	121	45
阜阳	122	194
新乡	123	144
湘潭	124	49
淮安	125	48
宜宾	126	108
商丘	127	185
安庆	128	111
信阳	129	150
曲靖	130	134
克拉玛依	131	1
荆门	132	85
南充	133	166
宜春	134	118

续表

城市	数字经济发展基础排名	人均地区生产总值排名
郴州	135	127
承德	136	148
安阳	137	169
孝感	138	133
驻马店	139	172
泸州	140	135
红河	141	214
十堰	142	113
延安	143	86
荆州	144	154
吉安	145	143
上饶	146	173
黄山	147	99
昌吉	148	207
宿州	149	181
黄石	150	93
长治	151	125
黄冈	152	191
邵阳	153	196
丽水	154	107
吉林	155	192
永州	156	183
汉中	157	141
益阳	158	146
乐山	159	102
晋城	160	96
攀枝花	161	50
娄底	162	157

续表

城市	数字经济发展基础排名	人均地区生产总值排名
黔南	163	208
大同	164	156
咸宁	165	112
鹤壁	166	104
漯河	167	94
三门峡	168	79
六安	169	184
亳州	170	190
濮阳	171	158
晋中	172	162
宣城	173	98
石嘴山	174	77
酒泉	175	106
达州	176	182
淮南	177	161
怀化	178	188
呼伦贝尔	179	149
运城	180	195
钦州	181	170
池州	182	97
赤峰	183	159
吕梁	184	168
聊城	185	178
渭南	186	177
抚州	187	165
临汾	188	199
淮北	189	115
大理	190	218
毕节	191	215
黔西南州	192	213

续表

城市	数字经济发展基础排名	人均地区生产总值排名
玉林	193	202
内江	194	147
自贡	195	114
通辽	196	151
六盘水	197	153
铜仁	198	209
抚顺	199	155
眉山	200	145
衢州	201	76
广安	202	175
凉山	203	205
喀什	204	220
阿克苏	205	216
遂宁	206	139
资阳	207	193
舟山	208	18
雅安	209	131
百色	210	186
安康	211	163
广元	212	164
贵港	213	200
黔东南	214	206
金昌	215	57
海东	216	211
昭通	217	203
甘南	218	219
伊犁	219	210
天水	220	204

附表 2　国家级城市群及其成员城市名单
（截至 2019 年 12 月）

城市群	战略定位	规划范围
长江中游城市群	中国经济新增长极，中西部新型城镇化先行区，内陆开放合作示范区，"两型"社会建设引领区	湖北省武汉市、黄石市、鄂州市、黄冈市、孝感市、咸宁市、仙桃市、潜江市、天门市、襄阳市、宜昌市、荆州市、荆门市，湖南省长沙市、株洲市、湘潭市、岳阳市、益阳市、常德市、衡阳市、娄底市，江西省南昌市、九江市、景德镇市、鹰潭市、新余市、宜春市、萍乡市、上饶市及抚州市、吉安市的部分县（区）
哈长城市群	东北老工业基地振兴发展重要增长极，北方开放重要门户，老工业基地体制机制创新先行区，绿色生态城市群	黑龙江省哈尔滨市、大庆市、齐齐哈尔市、绥化市、牡丹江市，吉林省长春市、吉林市、四平市、辽源市、松原市、延边朝鲜族自治州
成渝城市群	全国重要的现代产业基地，西部创新驱动先导区，内陆开放型经济战略高地，统筹城乡发展示范区，美丽中国的先行区	重庆市的渝中、万州、黔江、涪陵、大渡口、江北、沙坪坝、九龙坡、南岸、北碚、綦江、大足、渝北、巴南、长寿、江津、合川、永川、南川、潼南、铜梁、荣昌、璧山、梁平、丰都、垫江、忠县等 27 个区（县）以及开县、云阳的部分地区，四川省的成都、自贡、泸州、德阳、绵阳（除北川县、平武县）、遂宁、内江、乐山、南充、眉山、宜宾、广安、达州（除万源市）、雅安（除天全县、宝兴县）、资阳等 15 个市

续表

城市群	战略定位	规划范围
长江三角洲城市群	最具经济活力的资源配置中心，具有全球影响力的科技创新高地，全球重要的现代服务业和先进制造业中心，亚太地区重要国际门户，全国新一轮改革开放排头兵，美丽中国建设示范区。全国发展强劲活跃增长极。全国高质量发展样板区。率先基本实现现代化引领区。区域一体化发展示范区。新时代改革开放新高地	上海市，江苏省的南京、无锡、常州、苏州、南通、盐城、扬州、镇江、泰州，浙江省的杭州、宁波、嘉兴、湖州、绍兴、金华、舟山、台州，安徽省的合肥、芜湖、马鞍山、铜陵、安庆、滁州、池州、宣城等26市
中原城市群	中国经济发展新增长极，全国重要的先进制造业和现代服务业基地，中西部地区创新创业先行区，内陆地区双向开放新高地，绿色生态发展示范区	以河南省郑州市、开封市、洛阳市、平顶山市、新乡市、焦作市、许昌市、漯河市、济源市、鹤壁市、商丘市、周口市和山西省晋城市、安徽省亳州市为核心发展区。联动辐射河南省安阳市、濮阳市、三门峡市、南阳市、信阳市、驻马店市，河北省邯郸市、邢台市，山西省长治市、运城市，安徽省宿州市、阜阳市、淮北市、蚌埠市，山东省聊城市、菏泽市等中原经济区其他城市
北部湾城市群	面向东盟国际大通道的重要枢纽，"三南"开放发展新的战略支点，21世纪海上丝绸之路与丝绸之路经济带有机衔接的重要门户，全国重要绿色产业基地，陆海统筹发展示范区	广西壮族自治区南宁市、北海市、钦州市、防城港市、玉林市、崇左市，广东省湛江市、茂名市、阳江市和海南省海口市、儋州市、东方市、澄迈县、临高县、昌江县

续表

城市群	战略定位	规划范围
关中平原城市群	关中平原城市群，面积约10.71万平方公里。战略定位：向西开放的战略支点，引导西北地区发展的重要增长极，以军民融合为特色的国家创新高地，传承中华文化的世界级旅游目的地，内陆生态文明建设先行区	陕西省西安、宝鸡、咸阳、铜川、渭南5个市、杨凌农业高新技术产业示范区及商洛市的商州区、洛南县、丹凤县、柞水县，山西省运城市（除平陆县、垣曲县）、临汾市尧都区、侯马市、襄汾县、霍州市、曲沃县、翼城县、洪洞县、浮山县，甘肃省天水市及平凉市的崆峒区、华亭县、泾川县、崇信县、灵台县和庆阳市区
呼包鄂榆城市群	呼包鄂榆城市群，面积约17.5万平方公里。战略定位：全国高端能源化工基地，向北向西开放战略支点，西北地区生态文明合作共建，民族地区城乡融合发展先行区	内蒙古自治区呼和浩特市、包头市、鄂尔多斯市和陕西省榆林市
兰西城市群	兰西城市群，面积约9.75万平方公里。战略定位：维护国家生态安全的战略支撑，优化国土开发格局的重要平台，促进我国向西开放的重要支点，支撑西北地区发展的重要增长极，沟通西北西南、连接欧亚大陆的重要枢纽	甘肃省兰州市，白银市白银区、平川区、靖远县、景泰县，定西市安定区、陇西县、渭源县、临洮县，临夏回族自治州临夏市、东乡族自治县、永靖县、积石山保安族东乡族撒拉族自治县，青海省西宁市，海东市，海北藏族自治州海晏县，海南藏族自治州共和县、贵德县、贵南县，黄南藏族自治州同仁县、尖扎县
粤港澳大湾区	粤港澳大湾区前称珠江三角洲城市群，是中国城市群中经济最有活力、城市化率最高的地区，粤港澳大湾区是中国乃至亚太地区最具活力的经济区之一	香港特别行政区、澳门特别行政区和广东省广州市、深圳市、珠海市、佛山市、惠州市、东莞市、中山市、江门市、肇庆市

续表

城市群	战略定位	规划范围
京津冀城市群	以首都为核心的世界级城市群、区域整体协同发展改革引领区、全国创新驱动经济增长新引擎、生态修复环境改善示范区	北京市、天津市以及河北省的保定、唐山、廊坊、石家庄、秦皇岛、张家口、承德、沧州、衡水、邢台、邯郸等城市
辽中南城市群	辽中南地区工业化起步已近70年，在工业化推动下形成了中部城市密集圈和沈大城市走廊。逐步形成了以沈阳、大连为中心，以长大、沈丹、沈山、沈吉和沈承五条交通干道为发展轴线的城镇布局体系，提高了地区城市化水平	沈阳市、大连市、鞍山市、抚顺市、本溪市、营口市、辽阳市、铁岭市、盘锦市共9个城市
山东半岛城市群	山东半岛城市群是山东省发展的重点区域，是中国北方重要的城市密集之一，是黄河中下游广大腹地的出海口，同时山东又是距离韩国、日本地理位置最近的省份，地处我国环渤海区域	济南市、青岛市、淄博市、东营市、烟台市、潍坊市、威海市、日照市、滨州市、德州市、聊城市、泰安市、莱芜市（2019年1月撤销）、济宁市、菏泽市、枣庄市、临沂市
海峡西岸城市群	海峡西岸城市群与台湾隔海相对，既是开展对台合作，促进和平统一的基地，又可在合作中加快发展。加快海峡西岸经济区建设，将进一步促进海峡两岸经济紧密联系，互利共赢	福建省的福州、厦门、泉州、莆田、漳州、三明、南平、宁德、龙岩，浙江省的温州、丽水、衢州，江西省的上饶、鹰潭、抚州、赣州，以及广东省的汕头、潮州、揭阳、梅州等